BET YOU CAN'T DO THIS
SUDOKU!

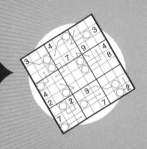

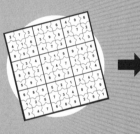

{ **141** REALLY, REALLY, REALLY HARD PUZZLES }

ANTHONY IMMANUVEL

imagine!
Publishing

10 9 8 7 6 5 4 3 2 1

An Imagine Book
Published by Charlesbridge
85 Main Street
Watertown, MA 02472
617-926-0329
www.charlesbridge.com

Text copyright © 2012 by Anthony Immanuvel.
Interior and cover design by Melissa Gerber.

Printed in China, September 2012.

ISBN 13: 978-1-936140-75-6

For information about custom editions, special sales, premium and corporate purchases, please
contact Charlesbridge Publishing, Inc. at specialsales@charlesbridge.com

BIG MIND CHALLENGE

This is a normal Sudoku, but much, much harder!

					2		1	
		6						4
7				9	5	8		
		8						3
	9		7		6		2	
2						1		
		9	3	7				1
5						9		
	7		1					

			9					3
		2					6	
3		1			2			
2	7			9				
9			8		7			5
				6			9	4
			7			3		9
	4					1		
8					3			

					5			
		4		2		7		8
			6		1		2	
6	2							
	1	3				4	9	
							3	5
	5		3		8			
9		2		1		8		
			7					

8							4	
4			3	8		5		
	5						2	
				5	8			9
	7						5	
1			6	2				
	4						6	
		6		3	5			7
	2							4

		6				5		2
				2		3		8
2			4					
			9		1			3
	8						6	
1			7		2			
					9			4
7		8		3				
6		2				1		

	4	9		8			1	
					5	3		
2			6					
9	7							
	6	3				2	9	
							7	4
				1				6
		7	2					
	1			7		5	8	

3					2			5
				4		2		
		9			3		7	
	6	8				7		
1								8
		5				6	2	
	1		5			4		
		6		7				
5			8					1

7				1			2	
					6	4		
		8	3				6	
		3			2		4	
5								1
	4		6			9		
	1				8	5		
		5	1					
	3			7				9

9		8	5					
2				1				
	5				9		1	
		4	9		6			
		6				5		
			7		4	8		
	9		4				5	
				8				2
					5	3		7

		3	5			2		6
		5	8					
				7				1
3								7
	8		9		7		3	
6								9
7				3				
					6	4		
4		8			1	9		

	9			3				5
		5	2			6		
4					8			
					7	4		
	3		1		6		7	
		6	3					
			6					1
		2			9	3		
8				7			5	

6	9			1				5
			6					
		3	2				6	
			4				1	3
7								6
4	2				1			
	5				9	8		
					2			
1				5			7	9

								3
5							6	2
	4		8		6	1		
		7	2	4				
		3				4		
				7	5	3		
		8	9		1		5	
7	3							9
1								

6	9		7				2	
7		5						3
				3				
	3		5		9		4	
	8		3		2		6	
				1				
9						8		7
	5				3		9	1

					1	5		6
	6			2				
9			5				8	
8	2							
4			8		9			2
							6	3
	1				2			7
				5			9	
5		4	3					

			9			5		
			8			9	2	
9		3			5			
4								9
		1	5		2	3		
6								5
			2			7		8
	1	6			3			
		2			6			

	7				2			6
		4					1	7
3			7					4
				4			9	
			2		1			
	8			9				
6					7			5
5	1					8		
8			3				2	

2	7		3			4		
	3		2	4				8
							9	
		8		1			7	
	5			6		1		
	2							
7				9	1		4	
		4			5		6	7

7	6			9				
		9	1	3			6	
2			9			4		
4		7				9		5
		1			5			3
	4			2	8	6		
				7			5	9

			7	1		8		9
					3	6	1	
2							4	
					8			3
		9				4		
3			5					
	5							1
	9	7	3					
1		8		6	5			

			4		6		7	
9	1							
		7					8	
8	3			1				
2			9		4			7
				3			6	5
	5					2		
							5	8
	9		5		3			

		9			8			5
			5	2		6		
5		7						3
	5							
7			9		5			4
							8	
4						3		9
		3		4	2			
8			7			2		

			3	4			8	
2					5			
3				2		5	1	
	9				1			8
5			4				2	
	7	3		6				9
			9					4
	8			7	3			

			7		5		1	
		4		8				
		9	1					5
	3	8			9		5	
	9		6			4	7	
1					2	7		
				4		5		
	4		3		6			

		1	6					5
				3	2			6
3				8				
			9			2		4
		7				3		
5		2			4			
				1				9
6			2	9				
9					3	8		

	1	5			8		9	
8				5				
		9		1				
					5	8		
3	9						2	4
		1	3					
				7		4		
				3				1
	4		9			7	5	

6			1		8			
				3			4	1
		9			5	8		
	7					3		
5								9
		4					6	
		7	9			6		
1	5			4				
			8		6			2

8							9	7
					9		2	
7					6	1		
		5	9		3			
		9				3		
			7		1	8		
		2	1					4
	1		6					
9	5							2

		5			6	3		
						4		
2				1	4		7	
5				4				8
			9		5			
6				2				9
	4		1	9				7
		2						
		3	7			1		

	3	1		9			7	
								1
	8				4		3	
5			7					9
			1		2			
1					9			3
	1		6				2	
4								
	5			3		1	8	

				2		1		
			3		9	5		
1							8	
		7			8	6	5	
	2						7	
	8	4	9			2		
	6							8
		3	7		4			
		9		8				

	7	1	9			2		
			5	2		6		1
4							2	
		8	2		9	7		
	9							5
9		5		4	8			
		2			6	1	9	

		1	3		8			
							2	7
	9			6			8	
7		6			1			
	4						7	
			7			5		4
	5			1			6	
4	8							
			4		3	2		

				8		3		5
	5				1			8
3		4				7		
		6		1				
			8		6			
				4		9		
		7				8		3
6			7				4	
4		1		2				

		4			7			
	1			4				7
		6	5					8
			2		3		1	
	8						3	
	2		7		4			
5					9	6		
4				2			9	
			1			3		

9	5							
	6		2					
		8		4		3		
6			7				2	
5		4				8		3
	8				5			6
		9		6		5		
					7		1	
							4	7

		4					9	
6				8		3		
				3	2		1	4
		1	5					
	5						4	
					3	7		
3	9		4	6				
		8		2				6
	4					8		

	4					5		
			2		7			
				9	8			6
3	7					4		
8				3				2
		2					7	9
2			9	8				
			6		3			
		1					8	

		5			8			9
2	1		4			6		
	8			2				
			9			2		
4								7
		6			5			
				9			4	
		7			1		3	8
3			6			1		

	6		2	1				
		9		3			1	
						6		3
	4				7			
	8	6				1	9	
			8				7	
4		3						
	1			4		2		
				7	5		3	

	3			2			6	
						1		2
		1		4		8		
			7			6	3	
			5		2			
	8	5			4			
		8		3		5		
1		2						
	4			9			7	

				3	8	9		
		2						
5					7	3	6	
	5		9					7
4								3
6					2		5	
	8	3	4					5
						1		
		5	1	8				

			6	1			3	
7			9			8		
	8	3					5	
			8			2		4
5		8			4			
	1					9	7	
		4			2			5
	5			9	6			

		3	8	9				
	5						9	
		9		1		6		
				6	7			8
3								4
7			1	2				
		2		4		7		
	9						1	
				3	6	5		

2			1				3	
		1				4		
8	9	7						
6		3		1				
			4		9			
				8		7		6
						2	1	7
		5				3		
	3				4			9

					9		5	1
		3			1			
	9		6				4	
				8		3		2
			3		4			
2		8		9				
	1				3		7	
			4			1		
6	5		7					

8				9		1		
	7				2			3
			8					
		4	9	5				6
		1				7		
2				6	3	9		
					6			
5			4				8	
		3		7				9

3			1					
9			4	7		5		
	8	4						
1				4	6		2	
	9		3	2				4
						3	5	
		8		5	7			2
					2			6

4	2							7
			9		4		6	
	5				3	4		
	9	3			7			
			1			5	8	
		1	8				3	
	4		2		1			
8							7	2

		6						1
5				8	6			
	2			5	4		7	
						9	1	
		4				2		
	1	5						
	4		7	2			8	
			3	6				4
9						1		

				5	4			1
							7	
	8	2			7	3		
					3			9
	2	1				4	8	
3			1					
		6	8			2	3	
	1							
5			6	2				

		9	7			3	5	
								9
				5		8	6	
	5		9					
3		2				4		7
					6		2	
	9	1		2				
7								
	8	6			5	7		

3				2				9
	7	5				8		
	4		6					
5			4	1		3		
		2		3	9			5
					2		6	
		1				7	4	
7				5				3

9				2				
			6		4			5
		3		5		4		
2							9	
	7	8				5	4	
	9							7
		5		4		8		
7			9		3			
				1				2

2								9
	8			5				
		3		1	4			
8		2					7	
6			1		9			8
	4					6		5
			2	4		8		
				3			1	
5								2

1					8		9	
			6	3				7
		8				4		
7				4			1	
3								6
	9			1				4
		5				2		
6				8	7			
	4		5					9

	3				6		4	
		9		8				2
5					9			
			8		3		9	1
7	8		6		1			
			2					3
8				7		1		
	4		1				5	

	3				7	4		
8								9
					4	5		1
6					8	1		
	5						6	
		2	6					5
7		3	2					
2								4
		6	7				2	

16 x 16

This puzzle is just a normal Sudoku in a bigger size. So instead of digits 1–9 you have numbers 1–16 and a bigger grid of 16x16.

					2		1	
		6						4
7				9	5	8		
		8						3
	9		7		6		2	
2						1		
		9	3	7				1
5						9		
	7		1					

			9					3
		2					6	
3		1			2			
2	7			9				
9			8		7			5
				6			9	4
			7			3		9
	4					1		
8					3			

					5			
		4		2		7		8
			6		1		2	
6	2							
	1	3				4	9	
							3	5
	5		3		8			
9		2		1		8		
			7					

8							4	
4			3	8		5		
	5						2	
				5	8			9
	7						5	
1			6	2				
	4						6	
		6		3	5			7
	2							4

		6				5		2
				2		3		8
2			4					
			9		1			3
	8						6	
1			7		2			
					9			4
7		8		3				
6		2				1		

	4	9		8			1	
					5	3		
2			6					
9	7							
	6	3				2	9	
							7	4
					1			6
		7	2					
	1			7		5	8	

3					2			5
				4		2		
		9			3		7	
	6	8				7		
1								8
		5				6	2	
	1		5			4		
		6		7				
5			8					1

7				1			2	
					6	4		
		8	3				6	
		3			2		4	
5								1
	4		6			9		
	1				8	5		
		5	1					
	3			7				9

9		8	5					
2				1				
	5				9		1	
		4	9		6			
		6				5		
			7		4	8		
	9		4				5	
				8				2
					5	3		7

		3	5			2		6
		5	8					
				7				1
3								7
	8		9		7		3	
6								9
7				3				
					6	4		
4		8			1	9		

	9			3				5
		5	2			6		
4					8			
					7	4		
	3		1		6		7	
		6	3					
			6					1
		2			9	3		
8				7			5	

6	9			1				5
			6					
		3	2				6	
			4				1	3
7								6
4	2				1			
	5				9	8		
					2			
1				5			7	9

								3
5							6	2
	4		8		6	1		
		7	2	4				
		3				4		
				7	5	3		
		8	9		1		5	
7	3							9
1								

6	9		7				2	
7		5						3
				3				
	3		5		9		4	
	8		3		2		6	
				1				
9						8		7
	5				3		9	1

					1	5		6
	6			2				
9			5				8	
8	2							
4			8		9			2
							6	3
	1				2			7
				5			9	
5		4	3					

			9			5		
			8			9	2	
9		3			5			
4								9
		1	5		2	3		
6								5
			2			7		8
	1	6			3			
		2			6			

SHAPE SUDOKU

Instead of the stagnant 3x3 square-shaped nine squares, you have a different shape of nine squares in each puzzle. The Sudoku rules remain the same. Each row, column, and nine-square shape should have all the digits 1-9 once, and only once.

SHAPE SUDOKU

							1	
	9	7						
			9		6			
1				3				2
	8						3	
3				9				6
			2		8			
						1	8	
	4							

	8			6				
6		7			2	3		
		4		9			8	
	9				7			
			2				1	
	6			5		4		
		8	6			2		4
				1			6	

3				1				
	3			5				
	4		7	9				
	1		8		7		6	
				2	4		9	
				7			2	
				6				3

3	9		6					
1		4		9		7		
			8					
7			3		8			6
					2			
		8		6		1		9
					7		6	5

				5				
					1	8		
	3	1		2				5
			4	7				1
2				1	3			
9				4		2	5	
		3	7					
			8					

9	3			2				8
	7					9	1	5
			6					
2								3
					3			
7	6	4					9	
3				9			2	4

3		1		8			6	9
				1			8	
			3			5		
	2						9	
		4			2			
	1			3				
8	3			7		2		4

		8		4	9			3
				3			7	
					5			
	1							
	9		3		4		8	
							4	
			6					
	2			6				
2			9	1		8		

					3		4	7
						2		3
					8			
		4	1			7		6
3		6			1	9		
			3					
8		5						
1	4		9					

			1	2			5	
						6		
	2		8		9		7	
	9		7				3	
	4				3		8	
	7		9		2		4	
		7						
	5			1	4			

	2						9		
				7					
		9			4	3			
	5				8				
	6		2		9		1		
			3				8		
		3	4			7			
				2					
		1					5		

		7	5			6		
			8					
	3		7					6
								7
			2		3			
6								
9					5		7	
					4			
		4			7	8		

				7	1			
	9			2		4	7	3
	7							
			5		2			
							1	
4	5	8		3			9	
			8	9				

SHAPE SUDOKU

					3	5		
						2	6	9
1						3		
	9			1			2	
		6						7
9	8	3						
		4	6					

4		5	6				7	
							8	
				5	3		9	
	1		2	3				
	7							
	9				8	6		1

KILLER SUDOKU

Killer Sudoku is similar to normal Sudoku, but the clues given are completely different. There are a few squares connected (boxed together) by dotted lines. The sum of the numbers in those squares is given as a clue.

In the sample given here, the first two squares of the second row are boxed together. The clue for that box is 14. So these two squares should have two different digits that add up to exactly fourteen. The options could be 8+6 or 9+5.

9			13		10		9	
14		5			13		11	
15			11	13				
		5	21				5	
5	14			6		17		16
9	14		8		17		10	
		6			3	16		
	11			17	5	16		
12	17		15		10			7

You can figure out the potential values for all squares in this manner and solve the puzzle by reducing the possibilities based on other columns and rows.

Solving Killer Sudoku involves some subtle techniques, which are hard to find on your own if you are a first-time solver. For example, each row and column should contain all of the digits 1–9, based on Sudoku rules. The sum of all digits from 1–9 is 45.

In this puzzle, all of the squares that make up the boxes in the first row appear within the same row, with the exception of the third square, which is part of a box that is connected to the second row as well. The sum of all clues in the first row (except the third square) is 9+13+10+9, or 41.

9			13		10		9	
14		5			13		11	
15			11	13				

Since all nine boxes must add up to 45, the third square must make up the difference. That means the third square is equal to 4.

Similarly, analyzing the first sub-square of 3x3 should help you find the third square in third column to be 2 (45-9-14-5-15).

9		**4**	13		10		9	
14		5			13		11	
15		**2**	11	13				

This will give you a head start to begin, and as you try these Killer Sudoku puzzles, you will find similar exciting possibilities to solve these puzzles.

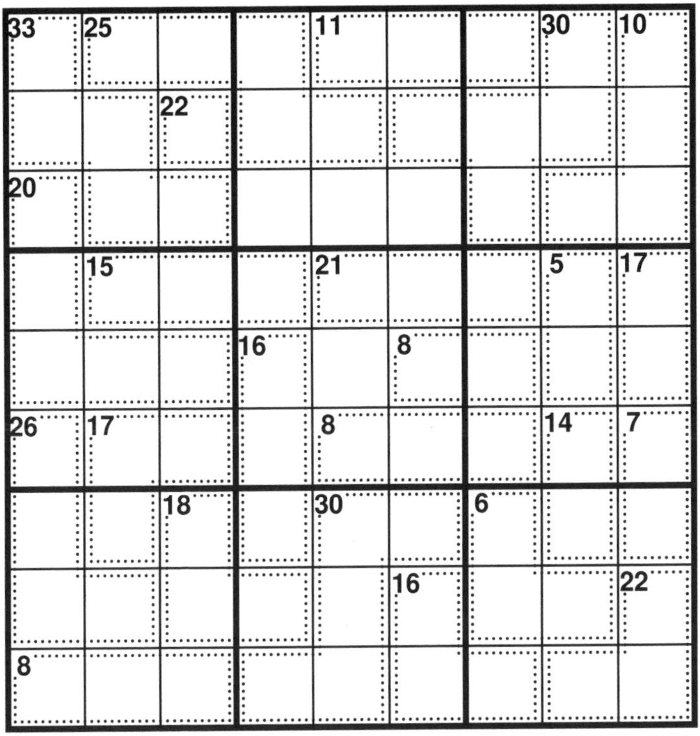
33
25
11
30
10
22
20
15
21
5
17
16
8
26
17
8
14
7
18
30
6
16
22
8

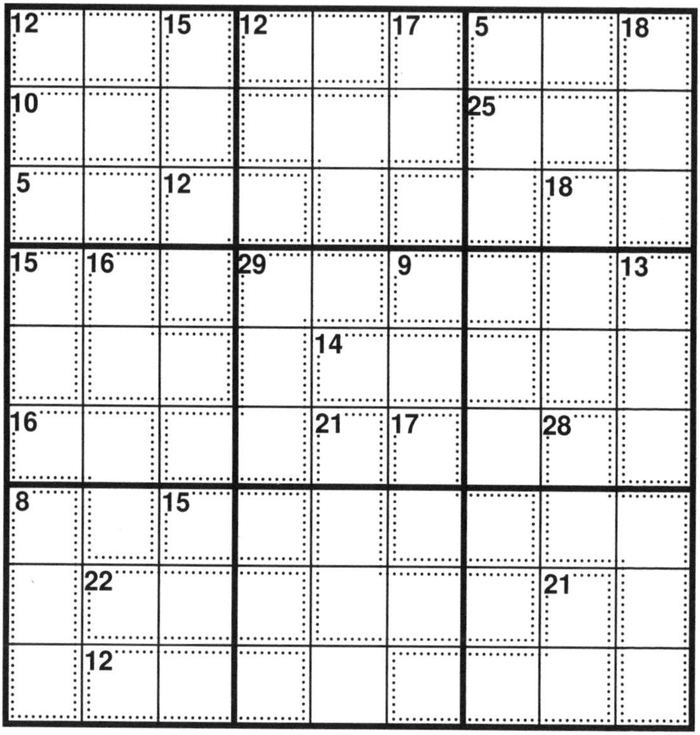
12
15
12
17
5
18
10
25
5
12
18
15
16
29
9
13
14
16
21
17
28
8
15
22
21
12

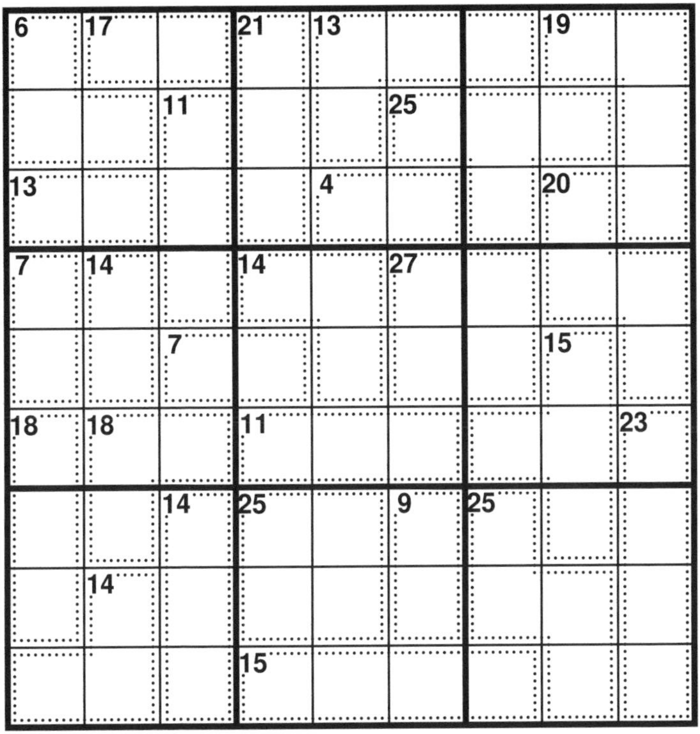
6 17 21 13 19
11 25
13 4 20
7 14 14 27
7 15
18 18 11 23
14 25 9 25
14
15

KILLER SUDOKU

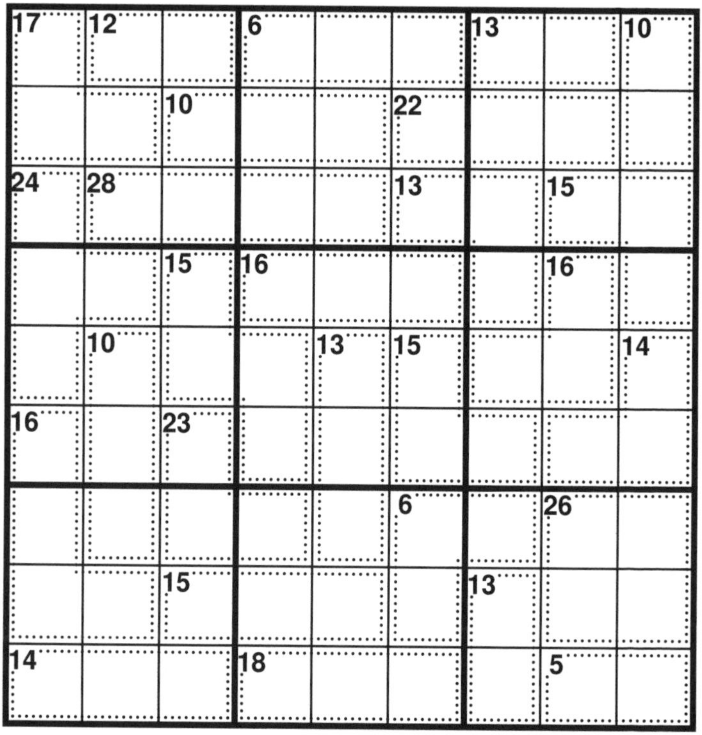

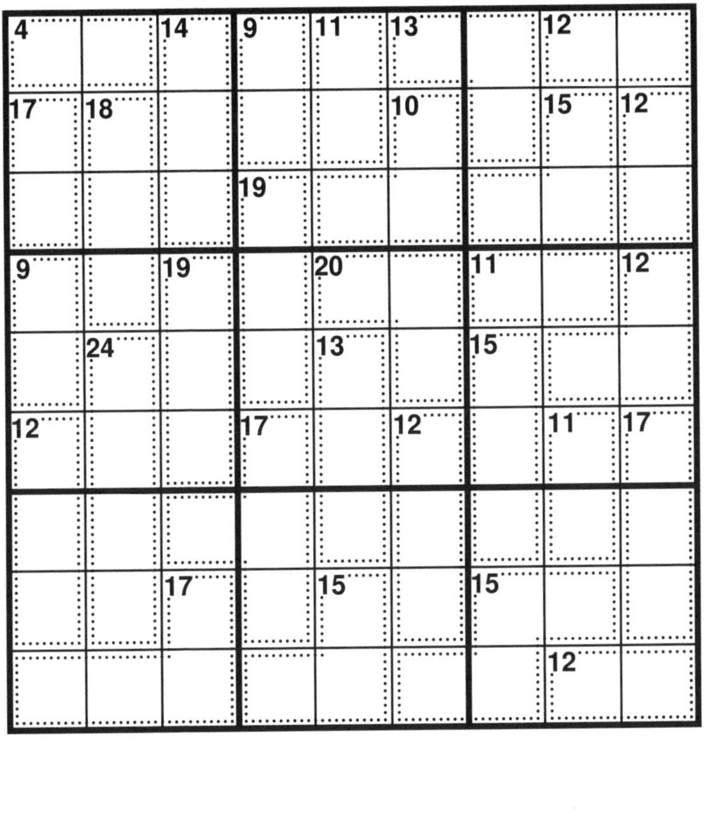
4 14 9 11 13 12
17 18 10 15 12
19
9 19 20 11 12
24 13 15
12 17 12 11 17
17 15 15
12

KILLER SUDOKU

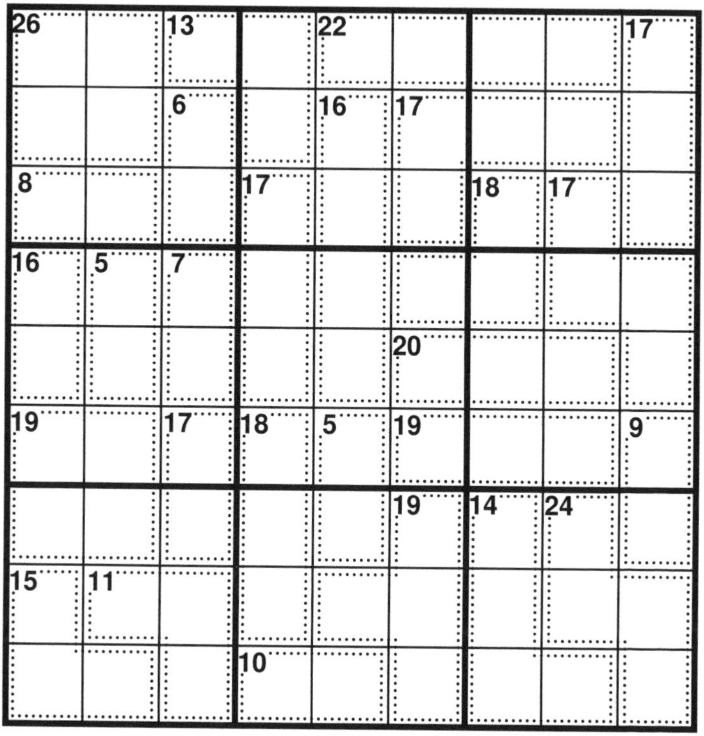

13		12	11		19	9		23
12	15		18					
				18		5	15	
		22		13				9
20					13			
	15		10	20				
				21		21		
15			14			19	4	
10							9	

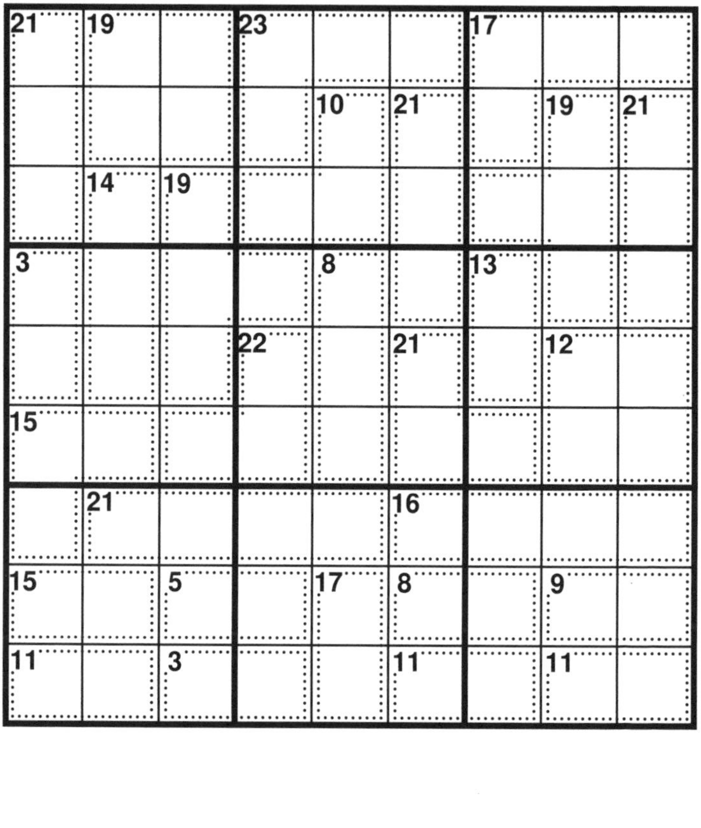
21 19 23 17
10 21 19 21
14 19
3 8 13
22 21 12
15
21 16
15 5 17 8 9
11 3 11 11

15	5		5		17		11	
		22	12	12	6		12	
14					21	12	12	3
	14							
	15		23		8		28	
	23							
		13		20		16		
	14	15						8
		23		6				

KILLER SUDOKU

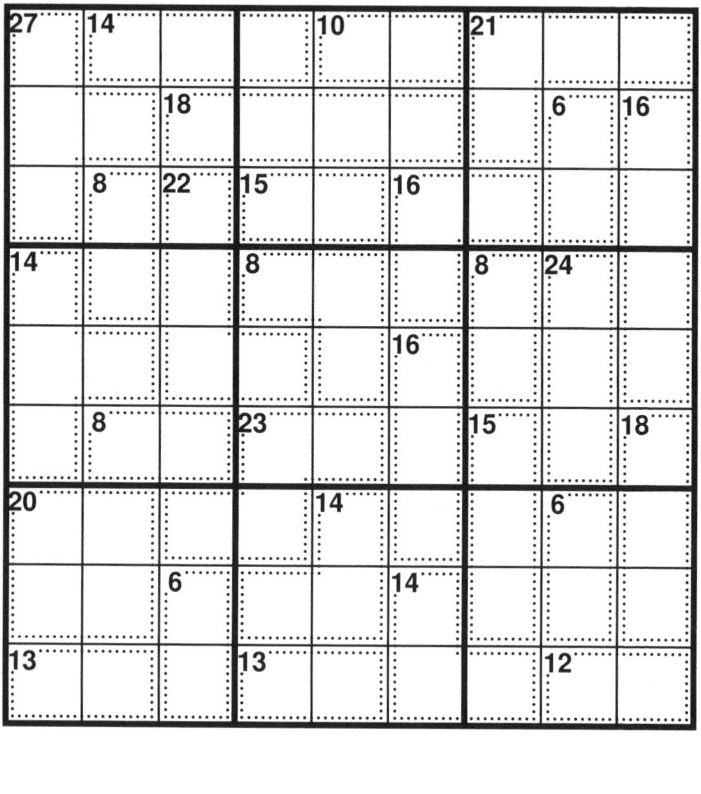

KILLER SUDOKU

9			31		31			10
16	12					22		
	18	17		17				11
		7						
14					24			
	20			14			27	
8	4	15			21			
		29					17	
11								

KILLER SUDOKU

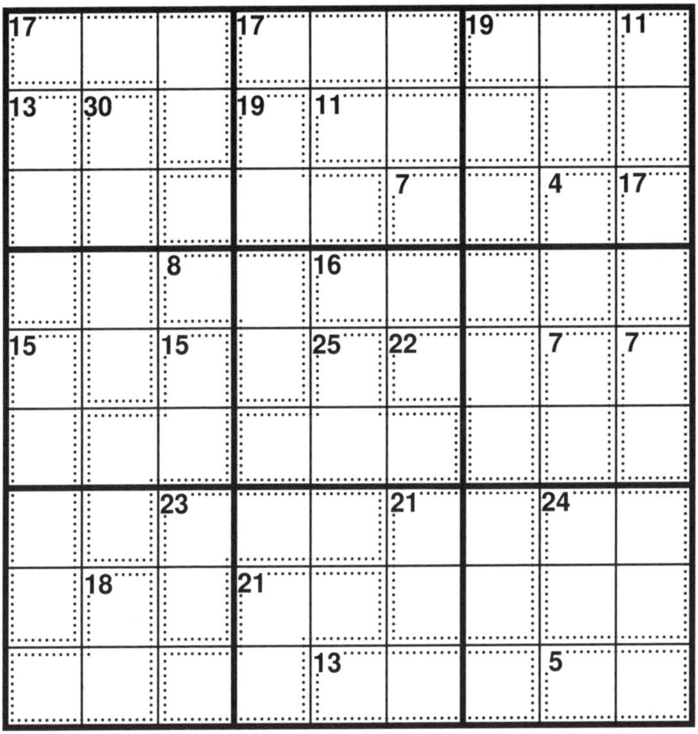

17	14	15			16	5		5
		14					21	
	10			12		11		
16	23		15					21
				12				
	23				9		24	5
19		17						
		17	13	18			9	
				13		11		

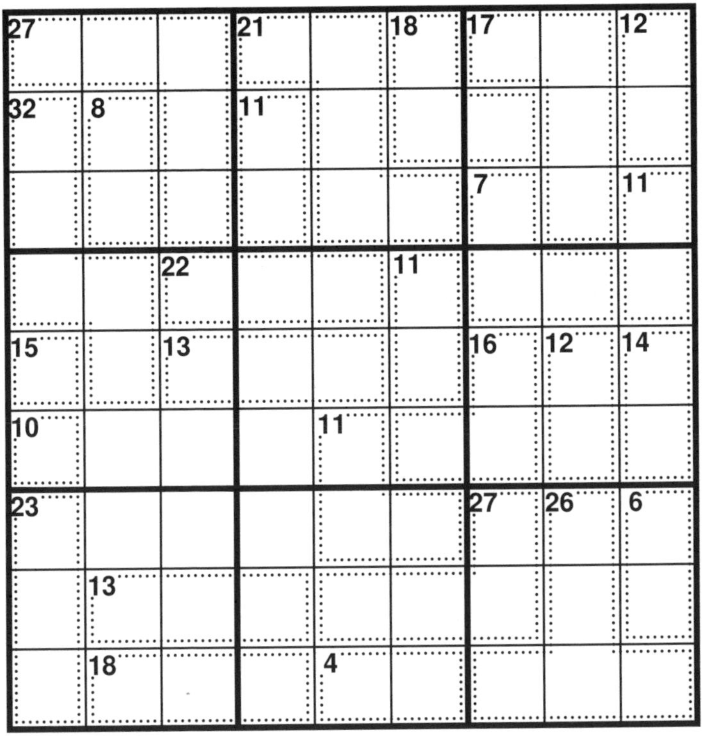

16		15		10	10		5	
18			9		9		17	
				14	19		18	11
18								
20	9	20				18	9	10
		24	13	6	14			
							25	
	12			21		15		

KILLER SUDOKU

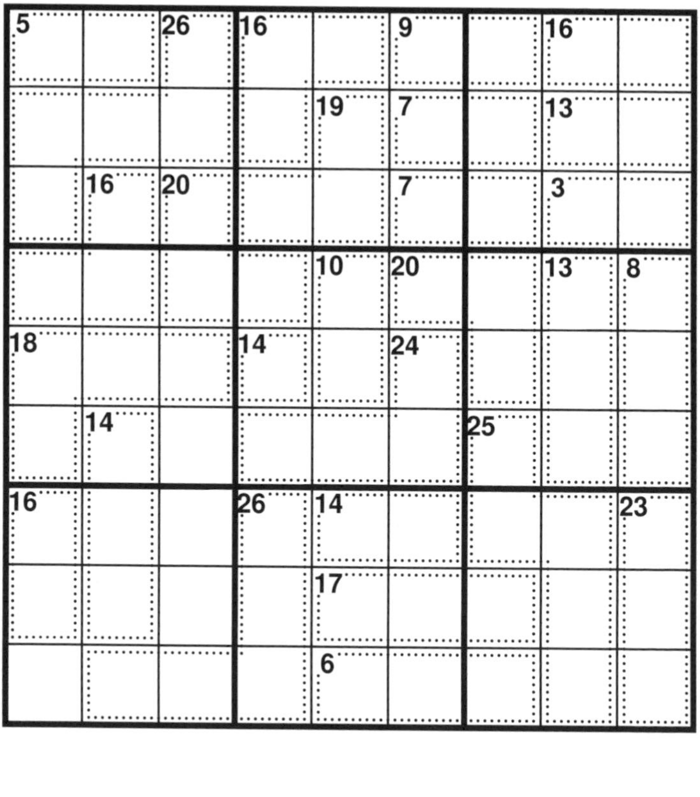
5 26 16 9 16
19 7 13
16 20 7 3
10 20 13 8
18 14 24
14 25
16 26 14 23
17
6

8	12		10		17	8	15	
	16	15						20
		4			18		18	
22			18		13			
14				25				13
						16		
20			18					
	22	12		8		15		
			19			9		

ARROW SUDOKU

This is a normal Sudoku, except that there are some clues in the form of a circle and an arrow that connects a few squares to the circle. The sum of values in the squares along the line is the value of the square with circle.

In the sample below, the fourth square in the top row has a circle and an arrow that touches two of the squares to its left. This means that the second and third squares in the first row should add up to 6. Two combinations are possible for these squares: they could be 1 and 5 or 2 and 4. (They cannot be 3 and 3 since they are in same row. If they were in different rows, using the same digit would be possible.)

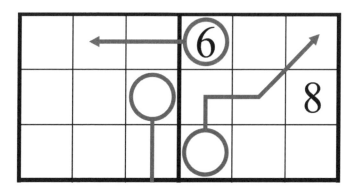

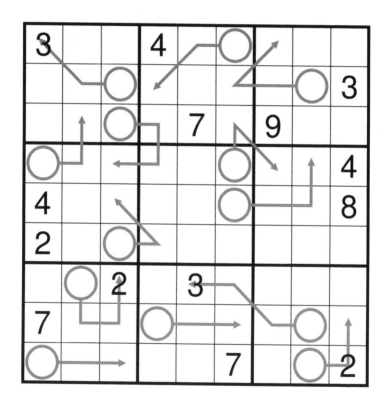

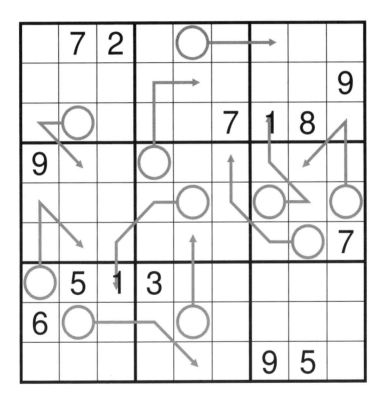

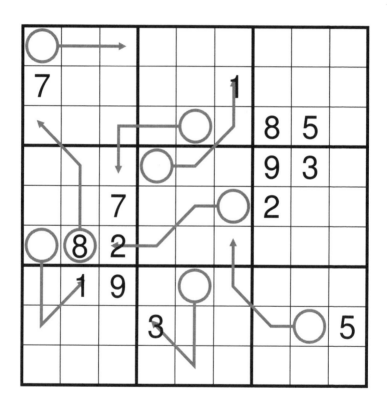

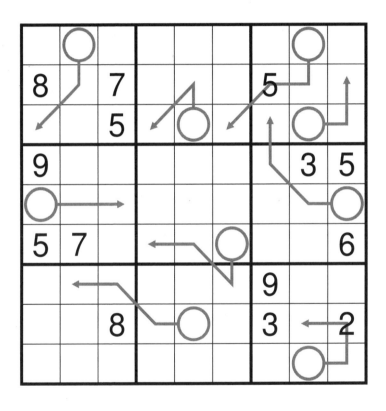

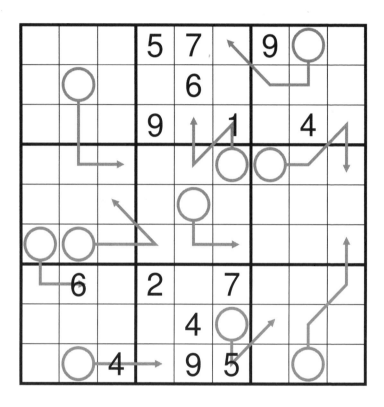

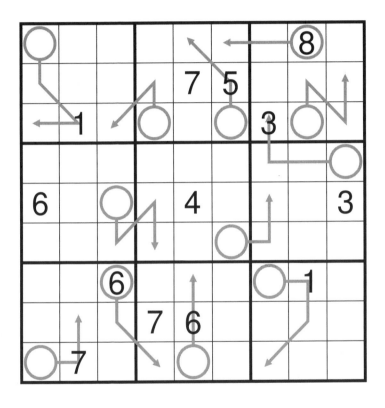

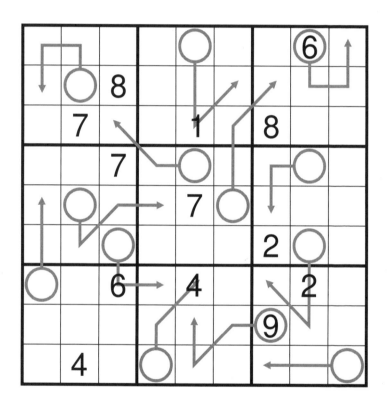

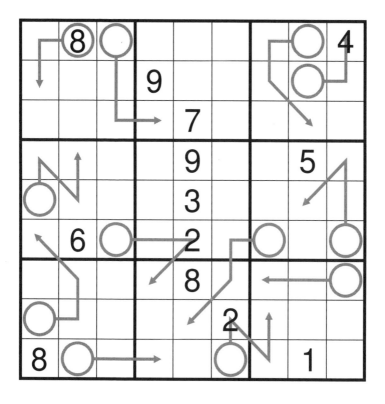

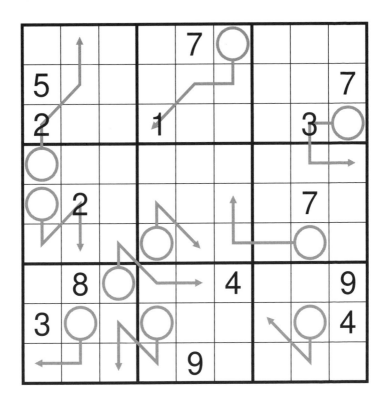

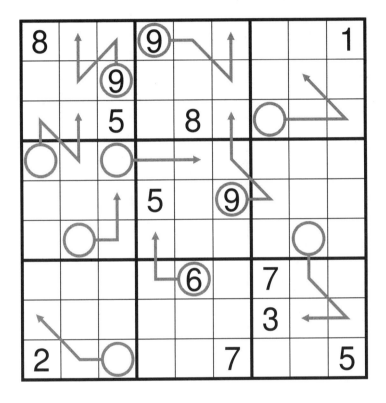

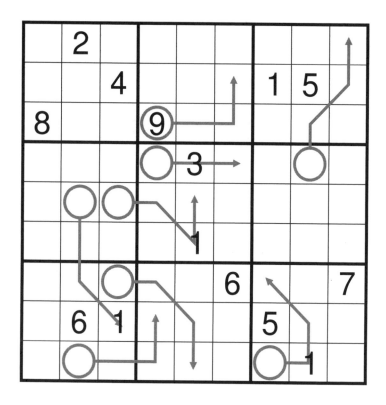

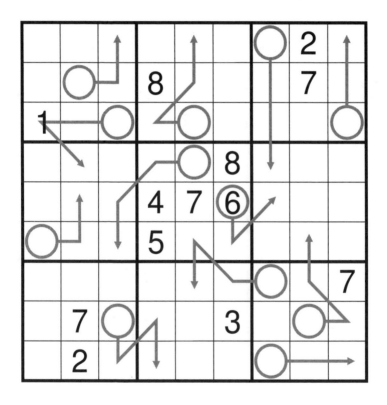

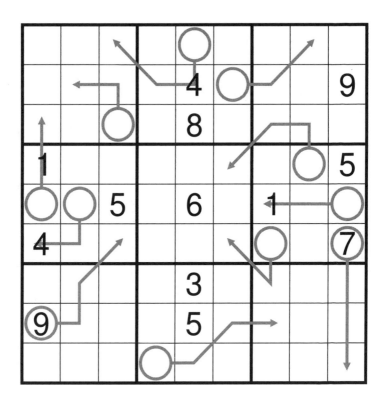

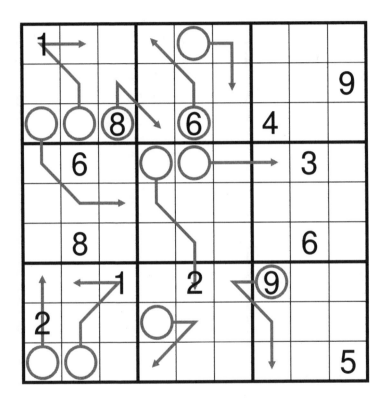

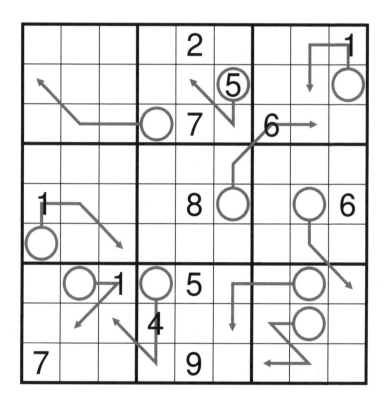

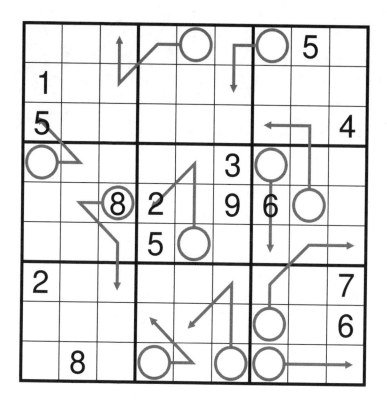

GREATER THAN SUDOKU

an you solve these Sudokus? The only clues you are given are greater than (>) or lesser than (<) symbols between two squares to tell you which square has the largest value.

Here are some solving techniques you might need:

There will only be one square in a row or column (or a 3x3 region) that contains the digit 9. (This is the only square that has only > symbols pointing toward it with no < symbols.) In the example given here, the bottom left square is the only one that can have the digit 9. The same technique can be used for the digit 1.

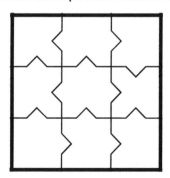

For each square, try to find the maximum possible value and minimum possible value by following a trail of similar symbols.

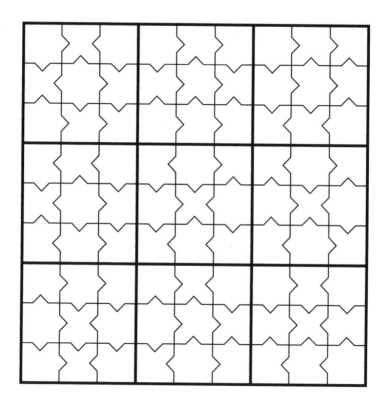

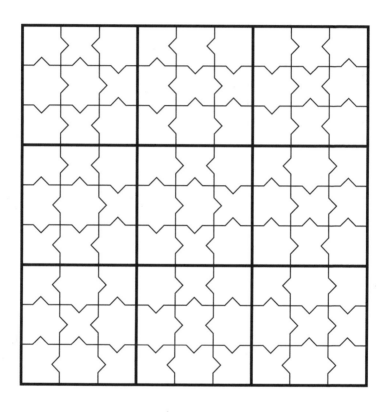

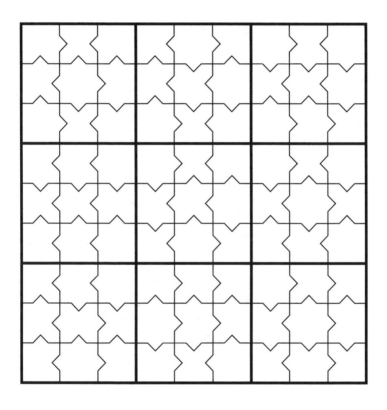

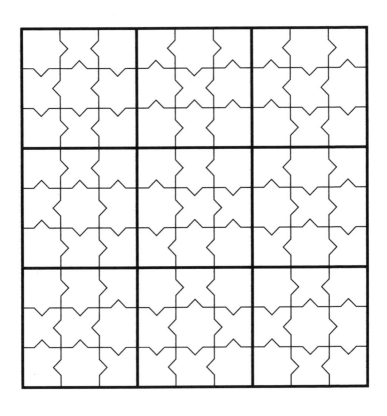

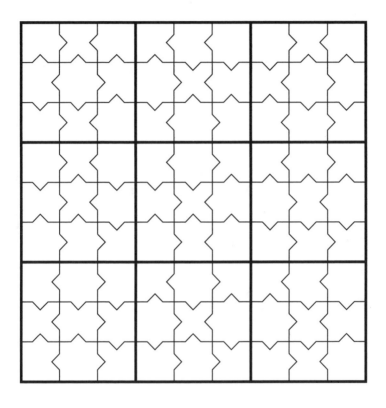

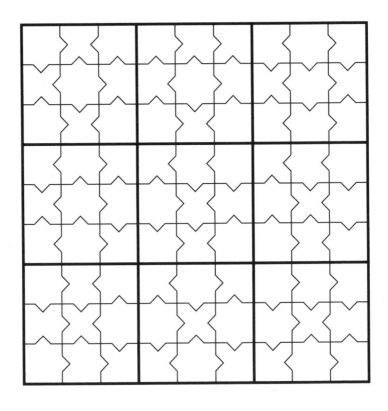

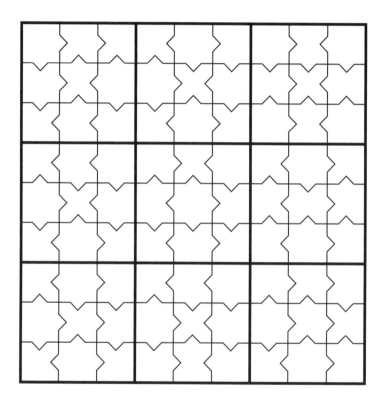

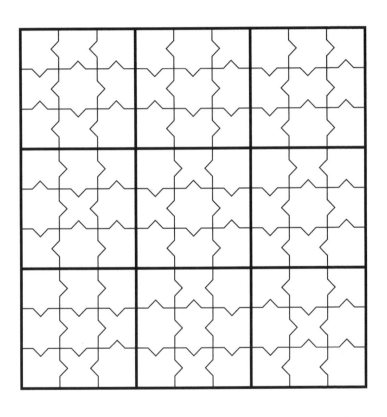

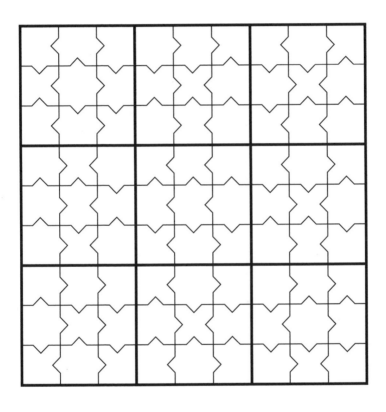

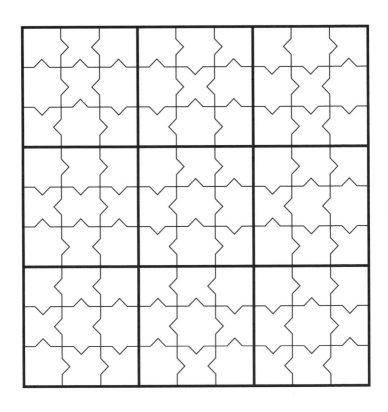

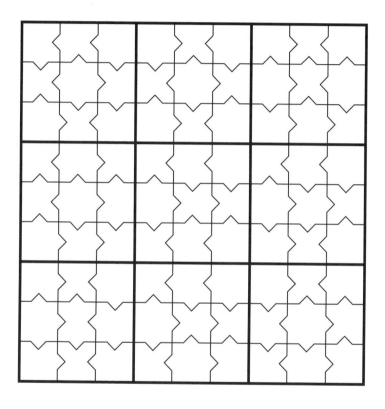

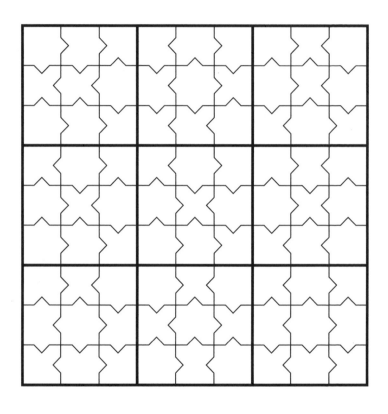

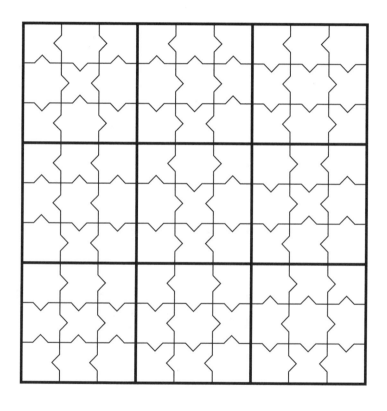

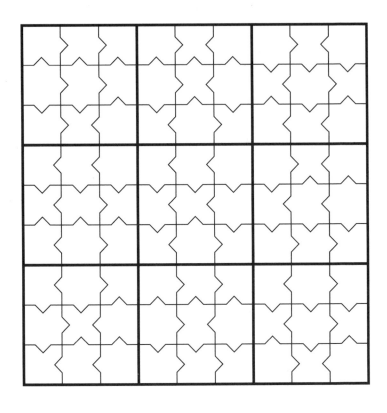

BIG MIND CHALLENGE

PAGE 4

9	8	5	4	3	2	6	1	7
3	2	6	8	1	7	5	9	4
7	1	4	6	9	5	8	3	2
4	5	8	9	2	1	7	6	3
1	9	3	7	8	6	4	2	5
2	6	7	5	4	3	1	8	9
6	4	9	3	7	8	2	5	1
5	3	1	2	6	4	9	7	8
8	7	2	1	5	9	3	4	6

PAGE 5

6	8	7	9	5	4	2	1	3
4	5	2	3	1	8	9	6	7
3	9	1	6	7	2	4	5	8
2	7	6	4	9	5	8	3	1
9	1	4	8	3	7	6	2	5
5	3	8	2	6	1	7	9	4
1	2	5	7	8	6	3	4	9
7	4	3	5	2	9	1	8	6
8	6	9	1	4	3	5	7	2

PAGE 6

2	3	7	8	4	5	6	1	9
1	6	4	9	2	3	7	5	8
5	9	8	6	7	1	3	2	4
6	2	5	4	3	9	1	8	7
8	1	3	2	5	7	4	9	6
7	4	9	1	8	6	2	3	5
4	5	1	3	6	8	9	7	2
9	7	2	5	1	4	8	6	3
3	8	6	7	9	2	5	4	1

PAGE 7

8	9	3	5	1	2	7	4	6
4	6	2	3	8	7	5	9	1
7	5	1	9	6	4	3	2	8
2	3	4	7	5	8	6	1	9
6	7	9	1	4	3	8	5	2
1	8	5	6	2	9	4	7	3
3	4	8	2	7	1	9	6	5
9	1	6	4	3	5	2	8	7
5	2	7	8	9	6	1	3	4

PAGE 8

8	1	6	3	9	7	5	4	2
4	7	9	6	2	5	3	1	8
2	3	5	4	1	8	7	9	6
5	2	4	9	6	1	8	7	3
9	8	7	5	4	3	2	6	1
1	6	3	7	8	2	4	5	9
3	5	1	2	7	9	6	8	4
7	4	8	1	3	6	9	2	5
6	9	2	8	5	4	1	3	7

PAGE 9

5	4	9	3	8	2	6	1	7
7	8	6	1	9	5	3	4	2
2	3	1	6	4	7	9	5	8
9	7	8	5	2	4	1	6	3
4	6	3	7	1	8	2	9	5
1	2	5	9	3	6	8	7	4
3	9	4	8	5	1	7	2	6
8	5	7	2	6	9	4	3	1
6	1	2	4	7	3	5	8	9

BIG MIND CHALLENGE

PAGE 10

3	7	4	6	8	2	1	9	5
8	5	1	7	4	9	2	3	6
6	2	9	1	5	3	8	7	4
2	6	8	4	9	5	7	1	3
1	9	3	2	6	7	5	4	8
7	4	5	3	1	8	6	2	9
9	1	2	5	3	6	4	8	7
4	8	6	9	7	1	3	5	2
5	3	7	8	2	4	9	6	1

PAGE 11

7	5	6	4	1	9	3	2	8
3	2	1	8	5	6	4	9	7
4	9	8	3	2	7	1	6	5
1	8	3	5	9	2	7	4	6
5	6	9	7	4	3	2	8	1
2	4	7	6	8	1	9	5	3
6	1	2	9	3	8	5	7	4
9	7	5	1	6	4	8	3	2
8	3	4	2	7	5	6	1	9

PAGE 12

9	1	8	5	6	2	7	3	4
2	4	3	8	1	7	9	6	5
6	5	7	3	4	9	2	1	8
5	8	4	9	2	6	1	7	3
7	2	6	1	3	8	5	4	9
1	3	9	7	5	4	8	2	6
8	9	2	4	7	3	6	5	1
3	7	5	6	8	1	4	9	2
4	6	1	2	9	5	3	8	7

PAGE 13

9	7	3	5	1	4	2	8	6
1	6	5	8	2	3	7	9	4
8	4	2	6	7	9	3	5	1
3	5	9	1	8	2	6	4	7
2	8	4	9	6	7	1	3	5
6	1	7	3	4	5	8	2	9
7	9	6	4	3	8	5	1	2
5	3	1	2	9	6	4	7	8
4	2	8	7	5	1	9	6	3

PAGE 14

6	9	1	7	3	4	8	2	5
7	8	5	2	9	1	6	3	4
4	2	3	5	6	8	7	1	9
1	5	8	9	2	7	4	6	3
9	3	4	1	8	6	5	7	2
2	7	6	3	4	5	1	9	8
3	4	7	6	5	2	9	8	1
5	6	2	8	1	9	3	4	7
8	1	9	4	7	3	2	5	6

PAGE 15

6	9	8	3	1	4	7	2	5
2	7	4	6	9	5	1	3	8
5	1	3	2	8	7	9	6	4
9	8	5	4	7	6	2	1	3
7	3	1	5	2	8	4	9	6
4	2	6	9	3	1	5	8	7
3	5	7	1	6	9	8	4	2
8	6	9	7	4	2	3	5	1
1	4	2	8	5	3	6	7	9

BIG MIND CHALLENGE

PAGE 16

8	2	6	5	1	7	9	4	3
5	7	1	3	9	4	8	6	2
3	4	9	8	2	6	1	7	5
9	1	7	2	4	3	5	8	6
6	5	3	1	8	9	4	2	7
4	8	2	6	7	5	3	9	1
2	6	8	9	3	1	7	5	4
7	3	5	4	6	8	2	1	9
1	9	4	7	5	2	6	3	8

PAGE 17

6	9	3	7	4	1	5	2	8
7	2	5	6	9	8	4	1	3
8	4	1	2	3	5	9	7	6
1	3	6	5	8	9	7	4	2
2	7	9	1	6	4	3	8	5
5	8	4	3	7	2	1	6	9
3	6	8	9	1	7	2	5	4
9	1	2	4	5	6	8	3	7
4	5	7	8	2	3	6	9	1

PAGE 18

2	4	8	9	3	1	5	7	6
7	6	5	4	2	8	1	3	9
9	3	1	5	7	6	2	8	4
8	2	6	7	1	3	9	4	5
4	5	3	8	6	9	7	1	2
1	9	7	2	4	5	8	6	3
3	1	9	6	8	2	4	5	7
6	7	2	1	5	4	3	9	8
5	8	4	3	9	7	6	2	1

PAGE 19

2	6	8	9	1	4	5	3	7
1	5	4	8	3	7	9	2	6
9	7	3	6	2	5	8	4	1
4	2	5	3	7	8	6	1	9
8	9	1	5	6	2	3	7	4
6	3	7	1	4	9	2	8	5
3	4	9	2	5	1	7	6	8
5	1	6	7	8	3	4	9	2
7	8	2	4	9	6	1	5	3

PAGE 20

1	7	8	4	3	2	9	5	6
2	5	4	9	6	8	3	1	7
3	6	9	7	1	5	2	8	4
7	2	5	8	4	6	1	9	3
9	3	6	2	7	1	5	4	8
4	8	1	5	9	3	7	6	2
6	9	2	1	8	7	4	3	5
5	1	3	6	2	4	8	7	9
8	4	7	3	5	9	6	2	1

PAGE 21

2	7	1	3	8	9	4	5	6
5	3	9	2	4	6	7	1	8
8	4	6	1	5	7	2	9	3
3	9	8	5	1	2	6	7	4
1	6	7	9	3	4	8	2	5
4	5	2	7	6	8	1	3	9
6	2	5	4	7	3	9	8	1
7	8	3	6	9	1	5	4	2
9	1	4	8	2	5	3	6	7

BIG MIND CHALLENGE

PAGE 22

3	1	4	7	8	6	5	9	2
7	6	8	5	9	2	1	3	4
5	2	9	1	3	4	8	6	7
2	5	3	9	1	7	4	8	6
4	8	7	2	6	3	9	1	5
6	9	1	8	4	5	7	2	3
9	4	5	3	2	8	6	7	1
8	3	6	4	7	1	2	5	9
1	7	2	6	5	9	3	4	8

PAGE 23

5	3	6	7	1	4	8	2	9
9	7	4	8	2	3	6	1	5
2	8	1	6	5	9	3	4	7
7	6	5	1	4	8	2	9	3
8	1	9	2	3	7	4	5	6
3	4	2	5	9	6	1	7	8
6	5	3	4	7	2	9	8	1
4	9	7	3	8	1	5	6	2
1	2	8	9	6	5	7	3	4

PAGE 24

5	8	3	4	2	6	9	7	1
9	1	6	3	7	8	5	4	2
4	2	7	1	9	5	6	8	3
8	3	5	6	1	7	4	2	9
2	6	1	9	5	4	8	3	7
7	4	9	8	3	2	1	6	5
3	5	8	7	4	1	2	9	6
1	7	4	2	6	9	3	5	8
6	9	2	5	8	3	7	1	4

PAGE 25

2	6	9	4	3	8	7	1	5
3	4	1	5	2	7	6	9	8
5	8	7	1	6	9	4	2	3
6	5	8	2	1	4	9	3	7
7	3	2	9	8	5	1	6	4
1	9	4	3	7	6	5	8	2
4	2	6	8	5	1	3	7	9
9	7	3	6	4	2	8	5	1
8	1	5	7	9	3	2	4	6

PAGE 36

7	5	1	3	4	6	9	8	2
2	6	8	1	9	5	7	4	3
3	4	9	8	2	7	5	1	6
4	9	2	7	5	1	6	3	8
8	1	7	6	3	2	4	9	5
5	3	6	4	8	9	1	2	7
1	7	3	2	6	4	8	5	9
6	2	5	9	1	8	3	7	4
9	8	4	5	7	3	2	6	1

PAGE 27

3	8	2	7	6	5	9	1	4
5	1	4	9	8	3	2	6	7
6	7	9	1	2	4	3	8	5
7	3	8	4	1	9	6	5	2
4	5	6	2	3	7	8	9	1
2	9	1	6	5	8	4	7	3
1	6	3	5	9	2	7	4	8
9	2	7	8	4	1	5	3	6
8	4	5	3	7	6	1	2	9

BIG MIND CHALLENGE

PAGE 28

8	2	1	6	4	9	7	3	5
7	4	9	5	3	2	1	8	6
3	5	6	7	8	1	9	4	2
1	6	3	9	5	8	2	7	4
4	9	7	1	2	6	3	5	8
5	8	2	3	7	4	6	9	1
2	3	4	8	1	7	5	6	9
6	7	8	2	9	5	4	1	3
9	1	5	4	6	3	8	2	7

PAGE 29

4	1	5	2	6	8	3	9	7
8	3	2	7	5	9	1	4	6
6	7	9	4	1	3	2	8	5
7	2	4	6	9	5	8	1	3
3	9	6	1	8	7	5	2	4
5	8	1	3	4	2	6	7	9
9	6	8	5	7	1	4	3	2
2	5	7	8	3	4	9	6	1
1	4	3	9	2	6	7	5	8

PAGE 30

6	4	5	1	2	8	7	9	3
7	2	8	6	3	9	5	4	1
3	1	9	4	7	5	8	2	6
9	7	1	2	6	4	3	8	5
5	6	2	3	8	7	4	1	9
8	3	4	5	9	1	2	6	7
2	8	7	9	1	3	6	5	4
1	5	6	7	4	2	9	3	8
4	9	3	8	5	6	1	7	2

PAGE 31

8	2	6	3	1	4	5	9	7
5	3	1	8	7	9	4	2	6
7	9	4	5	2	6	1	3	8
6	8	5	9	4	3	2	7	1
1	7	9	2	6	8	3	4	5
2	4	3	7	5	1	8	6	9
3	6	2	1	9	5	7	8	4
4	1	7	6	8	2	9	5	3
9	5	8	4	3	7	6	1	2

PAGE 32

4	1	5	8	7	6	3	9	2
7	6	8	2	3	9	4	1	5
2	3	9	5	1	4	8	7	6
5	9	1	6	4	7	2	3	8
3	2	7	9	8	5	6	4	1
6	8	4	3	2	1	7	5	9
8	4	6	1	9	3	5	2	7
1	7	2	4	5	8	9	6	3
9	5	3	7	6	2	1	8	4

PAGE 33

6	3	1	5	9	8	4	7	2
9	4	2	3	7	6	8	5	1
7	8	5	2	1	4	9	3	6
5	6	4	7	8	3	2	1	9
3	9	7	1	6	2	5	4	8
1	2	8	4	5	9	7	6	3
8	1	9	6	4	5	3	2	7
4	7	3	8	2	1	6	9	5
2	5	6	9	3	7	1	8	4

BIG MIND CHALLENGE

PAGE 34

4	3	5	8	2	7	1	9	6
6	7	8	3	1	9	5	4	2
1	9	2	6	4	5	3	8	7
9	1	7	2	3	8	6	5	4
3	2	6	4	5	1	8	7	9
5	8	4	9	7	6	2	1	3
7	6	1	5	9	2	4	3	8
8	5	3	7	6	4	9	2	1
2	4	9	1	8	3	7	6	5

PAGE 35

6	7	1	9	3	4	2	5	8
8	4	9	5	2	7	6	3	1
5	2	3	6	8	1	4	7	9
4	3	7	8	1	5	9	2	6
1	5	8	2	6	9	7	4	3
2	9	6	4	7	3	8	1	5
3	6	4	1	9	2	5	8	7
9	1	5	7	4	8	3	6	2
7	8	2	3	5	6	1	9	4

PAGE 36

5	7	1	3	2	8	9	4	6
8	6	3	9	5	4	1	2	7
2	9	4	1	6	7	3	8	5
7	3	6	5	4	1	8	9	2
1	4	5	2	8	9	6	7	3
9	2	8	7	3	6	5	1	4
3	5	7	8	1	2	4	6	9
4	8	2	6	9	5	7	3	1
6	1	9	4	7	3	2	5	8

PAGE 37

1	6	2	4	8	7	3	9	5
7	5	9	2	3	1	4	6	8
3	8	4	6	9	5	7	1	2
2	7	6	3	1	9	5	8	4
9	4	5	8	7	6	2	3	1
8	1	3	5	4	2	9	7	6
5	9	7	1	6	4	8	2	3
6	2	8	7	5	3	1	4	9
4	3	1	9	2	8	6	5	7

PAGE 38

2	5	4	8	9	7	1	6	3
8	1	3	6	4	2	9	5	7
7	9	6	5	3	1	2	4	8
6	4	5	2	8	3	7	1	9
1	8	7	9	6	5	4	3	2
3	2	9	7	1	4	5	8	6
5	3	8	4	7	9	6	2	1
4	7	1	3	2	6	8	9	5
9	6	2	1	5	8	3	7	4

PAGE 39

9	5	2	6	3	1	7	8	4
4	6	3	2	7	8	9	5	1
7	1	8	5	4	9	3	6	2
6	9	1	7	8	3	4	2	5
5	2	4	9	1	6	8	7	3
3	8	7	4	2	5	1	9	6
2	7	9	1	6	4	5	3	8
8	4	6	3	5	7	2	1	9
1	3	5	8	9	2	6	4	7

BIG MIND CHALLENGE

PAGE 40

2	3	4	7	5	1	6	9	8
6	1	5	9	8	4	3	7	2
9	8	7	6	3	2	5	1	4
8	2	1	5	4	7	9	6	3
7	5	3	8	9	6	2	4	1
4	6	9	2	1	3	7	8	5
3	9	2	4	6	8	1	5	7
5	7	8	1	2	9	4	3	6
1	4	6	3	7	5	8	2	9

PAGE 41

9	4	8	3	6	1	5	2	7
6	1	3	2	5	7	8	9	4
5	2	7	4	9	8	1	3	6
3	7	6	1	2	9	4	5	8
8	9	4	7	3	5	6	1	2
1	5	2	8	4	6	3	7	9
2	3	5	9	8	4	7	6	1
7	8	9	6	1	3	2	4	5
4	6	1	5	7	2	9	8	3

PAGE 42

7	6	5	3	1	8	4	2	9
2	1	3	4	7	9	6	8	5
9	8	4	5	2	6	3	7	1
5	7	1	9	8	4	2	6	3
4	3	9	1	6	2	8	5	7
8	2	6	7	3	5	9	1	4
1	5	2	8	9	3	7	4	6
6	9	7	2	4	1	5	3	8
3	4	8	6	5	7	1	9	2

PAGE 43

3	6	7	2	1	8	5	4	9
8	5	9	4	3	6	7	1	2
1	2	4	7	5	9	6	8	3
9	4	1	5	6	7	3	2	8
7	8	6	3	2	4	1	9	5
2	3	5	8	9	1	4	7	6
4	7	3	6	8	2	9	5	1
5	1	8	9	4	3	2	6	7
6	9	2	1	7	5	8	3	4

PAGE 44

8	3	9	1	2	5	7	6	4
4	5	6	8	7	3	1	9	2
7	2	1	9	4	6	8	5	3
2	1	4	7	8	9	6	3	5
3	9	7	5	6	2	4	1	8
6	8	5	3	1	4	9	2	7
9	7	8	2	3	1	5	4	6
1	6	2	4	5	7	3	8	9
5	4	3	6	9	8	2	7	1

PAGE 45

7	6	1	5	3	8	9	2	4
8	3	2	6	9	4	5	7	1
5	9	4	2	1	7	3	6	8
3	5	8	9	6	1	2	4	7
4	2	9	8	7	5	6	1	3
6	1	7	3	4	2	8	5	9
1	8	3	4	2	6	7	9	5
9	4	6	7	5	3	1	8	2
2	7	5	1	8	9	4	3	6

BIG MIND CHALLENGE

PAGE 46

4	9	5	6	1	8	7	3	2
7	2	1	9	3	5	8	4	6
6	8	3	4	2	7	1	5	9
3	7	9	8	5	1	2	6	4
1	4	2	3	6	9	5	8	7
5	6	8	2	7	4	3	9	1
2	1	6	5	4	3	9	7	8
9	3	4	7	8	2	6	1	5
8	5	7	1	9	6	4	2	3

PAGE 47

6	7	3	8	9	5	4	2	1
1	5	4	6	7	2	8	9	3
2	8	9	3	1	4	6	5	7
9	2	5	4	6	7	1	3	8
3	6	1	5	8	9	2	7	4
7	4	8	1	2	3	9	6	5
5	3	2	9	4	1	7	8	6
4	9	6	7	5	8	3	1	2
8	1	7	2	3	6	5	4	9

PAGE 48

2	5	4	1	7	6	9	3	8
3	6	1	9	5	8	4	7	2
8	9	7	3	4	2	6	5	1
6	4	3	2	1	7	8	9	5
5	7	8	4	6	9	1	2	3
9	1	2	5	8	3	7	4	6
4	8	9	6	3	5	2	1	7
7	2	5	8	9	1	3	6	4
1	3	6	7	2	4	5	8	9

PAGE 49

4	8	6	2	3	9	7	5	1
5	7	3	8	4	1	9	2	6
1	9	2	6	7	5	8	4	3
7	4	5	1	8	6	3	9	2
9	6	1	3	2	4	5	8	7
2	3	8	5	9	7	6	1	4
8	1	4	9	6	3	2	7	5
3	2	7	4	5	8	1	6	9
6	5	9	7	1	2	4	3	8

PAGE 50

8	3	2	7	9	5	1	6	4
1	7	5	6	4	2	8	9	3
6	4	9	8	3	1	5	7	2
3	8	4	9	5	7	2	1	6
9	6	1	2	8	4	7	3	5
2	5	7	1	6	3	9	4	8
7	9	8	3	2	6	4	5	1
5	2	6	4	1	9	3	8	7
4	1	3	5	7	8	6	2	9

PAGE 51

3	6	7	1	9	5	2	4	8
9	1	2	4	7	8	5	6	3
5	8	4	2	6	3	7	9	1
1	7	3	5	4	6	8	2	9
2	4	6	7	8	9	1	3	5
8	9	5	3	2	1	6	7	4
6	2	9	8	1	4	3	5	7
4	3	8	6	5	7	9	1	2
7	5	1	9	3	2	4	8	6

BIG MIND CHALLENGE

PAGE 52

4	2	6	5	1	8	3	9	7
3	1	7	9	2	4	8	6	5
9	5	8	7	6	3	4	2	1
5	9	3	4	8	7	2	1	6
1	8	2	3	5	6	7	4	9
6	7	4	1	9	2	5	8	3
2	6	1	8	7	5	9	3	4
7	4	9	2	3	1	6	5	8
8	3	5	6	4	9	1	7	2

PAGE 53

4	8	6	9	3	7	5	2	1
5	7	1	2	8	6	3	4	9
3	2	9	1	5	4	8	7	6
6	3	2	4	7	5	9	1	8
8	9	4	6	1	3	2	5	7
7	1	5	8	9	2	4	6	3
1	4	3	7	2	9	6	8	5
2	5	8	3	6	1	7	9	4
9	6	7	5	4	8	1	3	2

PAGE 54

6	3	7	2	5	4	8	9	1
4	5	9	3	1	8	6	7	2
1	8	2	9	6	7	3	5	4
8	6	5	4	7	3	1	2	9
7	2	1	5	9	6	4	8	3
3	9	4	1	8	2	5	6	7
9	7	6	8	4	1	2	3	5
2	1	8	7	3	5	9	4	6
5	4	3	6	2	9	7	1	8

PAGE 55

6	2	9	7	4	8	3	5	1
5	4	8	6	1	3	2	7	9
1	7	3	2	5	9	8	6	4
8	5	4	9	7	2	1	3	6
3	6	2	5	8	1	4	9	7
9	1	7	4	3	6	5	2	8
4	9	1	3	2	7	6	8	5
7	3	5	8	6	4	9	1	2
2	8	6	1	9	5	7	4	3

PAGE 56

3	6	8	5	2	7	4	1	9
2	7	5	9	4	1	8	3	6
1	4	9	6	8	3	2	5	7
5	9	7	4	1	6	3	2	8
6	8	3	2	7	5	1	9	4
4	1	2	8	3	9	6	7	5
8	3	4	7	9	2	5	6	1
9	5	1	3	6	8	7	4	2
7	2	6	1	5	4	9	8	3

PAGE 57

9	5	4	8	2	1	7	6	3
1	2	7	6	3	4	9	8	5
8	6	3	7	5	9	4	2	1
2	4	6	3	7	5	1	9	8
3	7	8	1	9	2	5	4	6
5	9	1	4	6	8	2	3	7
6	3	5	2	4	7	8	1	9
7	1	2	9	8	3	6	5	4
4	8	9	5	1	6	3	7	2

BIG MIND CHALLENGE

PAGE 58

2	7	1	6	8	3	5	4	9
4	8	6	9	5	2	7	3	1
9	5	3	7	1	4	2	8	6
8	9	2	4	6	5	1	7	3
6	3	5	1	7	9	4	2	8
1	4	7	3	2	8	6	9	5
3	6	9	2	4	1	8	5	7
7	2	8	5	3	6	9	1	4
5	1	4	8	9	7	3	6	2

PAGE 59

1	3	7	4	5	8	6	9	2
4	5	9	6	3	2	1	8	7
2	6	8	7	9	1	4	5	3
7	8	6	2	4	9	3	1	5
3	1	4	8	7	5	9	2	6
5	9	2	3	1	6	8	7	4
9	7	5	1	6	4	2	3	8
6	2	3	9	8	7	5	4	1
8	4	1	5	2	3	7	6	9

PAGE 60

1	3	8	5	2	6	9	4	7
4	6	9	3	8	7	5	1	2
5	7	2	4	1	9	6	3	8
2	5	6	8	4	3	7	9	1
3	9	1	7	5	2	4	8	6
7	8	4	6	9	1	3	2	5
9	1	5	2	6	4	8	7	3
8	2	3	9	7	5	1	6	4
6	4	7	1	3	8	2	5	9

PAGE 61

5	3	1	9	2	7	4	8	6
8	6	4	1	5	3	2	7	9
9	2	7	8	6	4	5	3	1
6	7	9	5	3	8	1	4	2
1	5	8	4	9	2	3	6	7
3	4	2	6	7	1	8	9	5
7	1	3	2	4	9	6	5	8
2	9	5	3	8	6	7	1	4
4	8	6	7	1	5	9	2	3

16 × 16

9	8	5	4	3	2	6	1	7
3	2	6	8	1	7	5	9	4
7	1	4	6	9	5	8	3	2
4	5	8	9	2	1	7	6	3
1	9	3	7	8	6	4	2	5
2	6	7	5	4	3	1	8	9
6	4	9	3	7	8	2	5	1
5	3	1	2	6	4	9	7	8
8	7	2	1	5	9	3	4	6

6	8	7	9	5	4	2	1	3
4	5	2	3	1	8	9	6	7
3	9	1	6	7	2	4	5	8
2	7	6	4	9	5	8	3	1
9	1	4	8	3	7	6	2	5
5	3	8	2	6	1	7	9	4
1	2	5	7	8	6	3	4	9
7	4	3	5	2	9	1	8	6
8	6	9	1	4	3	5	7	2

2	3	7	8	4	5	6	1	9
1	6	4	9	2	3	7	5	8
5	9	8	6	7	1	3	2	4
6	2	5	4	3	9	1	8	7
8	1	3	2	5	7	4	9	6
7	4	9	1	8	6	2	3	5
4	5	1	3	6	8	9	7	2
9	7	2	5	1	4	8	6	3
3	8	6	7	9	2	5	4	1

8	9	3	5	1	2	7	4	6
4	6	2	3	8	7	5	9	1
7	5	1	9	6	4	3	2	8
2	3	4	7	5	8	6	1	9
6	7	9	1	4	3	8	5	2
1	8	5	6	2	9	4	7	3
3	4	8	2	7	1	9	6	5
9	1	6	4	3	5	2	8	7
5	2	7	8	9	6	1	3	4

8	1	6	3	9	7	5	4	2
4	7	9	6	2	5	3	1	8
2	3	5	4	1	8	7	9	6
5	2	4	9	6	1	8	7	3
9	8	7	5	4	3	2	6	1
1	6	3	7	8	2	4	5	9
3	5	1	2	7	9	6	8	4
7	4	8	1	3	6	9	2	5
6	9	2	8	5	4	1	3	7

5	4	9	3	8	2	6	1	7
7	8	6	1	9	5	3	4	2
2	3	1	6	4	7	9	5	8
9	7	8	5	2	4	1	6	3
4	6	3	7	1	8	2	9	5
1	2	5	9	3	6	8	7	4
3	9	4	8	5	1	7	2	6
8	5	7	2	6	9	4	3	1
6	1	2	4	7	3	5	8	9

16 x 16

PAGE 69

3	7	4	6	8	2	1	9	5
8	5	1	7	4	9	2	3	6
6	2	9	1	5	3	8	7	4
2	6	8	4	9	5	7	1	3
1	9	3	2	6	7	5	4	8
7	4	5	3	1	8	6	2	9
9	1	2	5	3	6	4	8	7
4	8	6	9	7	1	3	5	2
5	3	7	8	2	4	9	6	1

PAGE 70

7	5	6	4	1	9	3	2	8
3	2	1	8	5	6	4	9	7
4	9	8	3	2	7	1	6	5
1	8	3	5	9	2	7	4	6
5	6	9	7	4	3	2	8	1
2	4	7	6	8	1	9	5	3
6	1	2	9	3	8	5	7	4
9	7	5	1	6	4	8	3	2
8	3	4	2	7	5	6	1	9

PAGE 71

9	1	8	5	6	2	7	3	4
2	4	3	8	1	7	9	6	5
6	5	7	3	4	9	2	1	8
5	8	4	9	2	6	1	7	3
7	2	6	1	3	8	5	4	9
1	3	9	7	5	4	8	2	6
8	9	2	4	7	3	6	5	1
3	7	5	6	8	1	4	9	2
4	6	1	2	9	5	3	8	7

PAGE 72

9	7	3	5	1	4	2	8	6
1	6	5	8	2	3	7	9	4
8	4	2	6	7	9	3	5	1
3	5	9	1	8	2	6	4	7
2	8	4	9	6	7	1	3	5
6	1	7	3	4	5	8	2	9
7	9	6	4	3	8	5	1	2
5	3	1	2	9	6	4	7	8
4	2	8	7	5	1	9	6	3

PAGE 73

6	9	1	7	3	4	8	2	5
7	8	5	2	9	1	6	3	4
4	2	3	5	6	8	7	1	9
1	5	8	9	2	7	4	6	3
9	3	4	1	8	6	5	7	2
2	7	6	3	4	5	1	9	8
3	4	7	6	5	2	9	8	1
5	6	2	8	1	9	3	4	7
8	1	9	4	7	3	2	5	6

PAGE 74

6	9	8	3	1	4	7	2	5
2	7	4	6	9	5	1	3	8
5	1	3	2	8	7	9	6	4
9	8	5	4	7	6	2	1	3
7	3	1	5	2	8	4	9	6
4	2	6	9	3	1	5	8	7
3	5	7	1	6	9	8	4	2
8	6	9	7	4	2	3	5	1
1	4	2	8	5	3	6	7	9

16 x 16

PAGE 75

8	2	6	5	1	7	9	4	3
5	7	1	3	9	4	8	6	2
3	4	9	8	2	6	1	7	5
9	1	7	2	4	3	5	8	6
6	5	3	1	8	9	4	2	7
4	8	2	6	7	5	3	9	1
2	6	8	9	3	1	7	5	4
7	3	5	4	6	8	2	1	9
1	9	4	7	5	2	6	3	8

PAGE 76

6	9	3	7	4	1	5	2	8
7	2	5	6	9	8	4	1	3
8	4	1	2	3	5	9	7	6
1	3	6	5	8	9	7	4	2
2	7	9	1	6	4	3	8	5
5	8	4	3	7	2	1	6	9
3	6	8	9	1	7	2	5	4
9	1	2	4	5	6	8	3	7
4	5	7	8	2	3	6	9	1

PAGE 77

2	4	8	9	3	1	5	7	6
7	6	5	4	2	8	1	3	9
9	3	1	5	7	6	2	8	4
8	2	6	7	1	3	9	4	5
4	5	3	8	6	9	7	1	2
1	9	7	2	4	5	8	6	3
3	1	9	6	8	2	4	5	7
6	7	2	1	5	4	3	9	8
5	8	4	3	9	7	6	2	1

PAGE 78

2	6	8	9	1	4	5	3	7
1	5	4	8	3	7	9	2	6
9	7	3	6	2	5	8	4	1
4	2	5	3	7	8	6	1	9
8	9	1	5	6	2	3	7	4
6	3	7	1	4	9	2	8	5
3	4	9	2	5	1	7	6	8
5	1	6	7	8	3	4	9	2
7	8	2	4	9	6	1	5	3

SHAPE SUDOKU

PAGE 79

2	7	4	6	8	5	9	1	3
6	9	7	5	1	3	2	4	8
8	1	3	9	4	6	5	2	7
1	5	9	8	3	7	4	6	2
7	8	2	1	5	4	6	3	9
3	2	8	4	9	1	7	5	6
4	6	1	2	7	8	3	9	5
5	3	6	7	2	9	1	8	4
9	4	5	3	6	2	8	7	1

PAGE 80

7	8	3	1	6	4	5	2	9
6	5	7	9	8	2	3	4	1
1	3	4	5	9	6	7	8	2
3	9	1	4	2	7	6	5	8
9	2	5	7	4	8	1	3	6
8	4	6	2	3	5	9	1	7
2	6	9	8	5	1	4	7	3
5	1	8	6	7	3	2	9	4
4	7	2	3	1	9	8	6	5

PAGE 81

9	7	8	4	3	1	2	6	5
8	4	3	9	5	2	6	7	1
3	5	2	1	6	7	9	4	8
5	1	7	2	8	6	4	3	9
7	2	1	6	4	9	5	8	3
1	6	4	8	7	5	3	9	2
2	8	6	7	9	3	1	5	4
6	9	5	3	1	4	8	2	7
4	3	9	5	2	8	7	1	6

PAGE 82

3	9	6	4	1	2	5	8	7
7	3	9	2	5	8	6	4	1
2	6	7	1	4	9	3	5	8
8	4	5	7	9	6	1	3	2
5	1	2	8	3	7	9	6	4
1	8	3	6	2	4	7	9	5
6	7	4	3	8	5	2	1	9
4	5	1	9	7	3	8	2	6
9	2	8	5	6	1	4	7	3

PAGE 83

3	9	2	6	8	1	4	5	7
1	6	4	2	9	5	7	3	8
5	8	1	9	7	6	3	4	2
2	4	3	8	5	9	6	7	1
7	2	5	3	4	8	9	1	6
6	3	7	5	1	2	8	9	4
9	7	6	1	2	4	5	8	3
4	5	8	7	6	3	1	2	9
8	1	9	4	3	7	2	6	5

PAGE 84

1	8	7	3	5	9	4	6	2
7	5	4	6	3	1	8	2	9
8	3	1	9	2	4	6	7	5
5	2	6	4	7	8	3	9	1
4	7	9	2	6	5	1	3	8
2	9	5	8	1	3	7	4	6
9	6	8	1	4	7	2	5	3
6	1	3	7	9	2	5	8	4
3	4	2	5	8	6	9	1	7

SHAPE SUDOKU

PAGE 85

9	3	6	7	2	1	5	4	8
1	8	5	9	6	4	2	3	7
4	7	8	2	3	6	9	1	5
8	5	3	6	1	2	4	7	9
2	9	1	4	5	7	8	6	3
6	2	9	8	4	3	7	5	1
7	6	4	1	8	5	3	9	2
5	4	2	3	7	9	1	8	6
3	1	7	5	9	8	6	2	4

PAGE 86

3	7	1	2	8	5	4	6	9
7	5	3	8	9	4	6	2	1
5	4	7	6	1	3	9	8	2
4	9	8	3	2	1	5	7	6
6	2	5	7	4	8	1	9	3
1	6	4	9	5	2	7	3	8
2	1	6	4	3	9	8	5	7
9	8	2	1	6	7	3	4	5
8	3	9	5	7	6	2	1	4

PAGE 87

4	7	5	1	6	2	9	3	8
1	2	6	5	3	9	4	8	7
6	9	3	8	2	4	7	1	5
2	4	1	7	9	8	6	5	3
8	5	4	2	7	1	3	9	6
7	6	8	9	4	3	5	2	1
9	8	2	3	5	7	1	6	4
5	3	9	4	1	6	8	7	2
3	1	7	6	8	5	2	4	9

PAGE 88

7	6	8	1	4	9	2	5	3
8	5	9	2	3	6	4	7	1
3	4	1	7	9	5	6	2	8
6	1	2	4	8	3	7	9	5
5	9	6	3	2	4	1	8	7
1	8	3	5	7	2	9	4	6
9	7	4	6	5	8	3	1	2
4	2	7	8	6	1	5	3	9
2	3	5	9	1	7	8	6	4

PAGE 89

2	9	1	6	5	3	8	4	7
6	8	7	5	9	4	2	1	3
7	2	9	4	3	8	1	6	5
5	3	4	1	8	2	7	9	6
4	1	2	8	6	5	3	7	9
3	5	6	2	7	1	9	8	4
9	7	8	3	4	6	5	2	1
8	6	5	7	1	9	4	3	2
1	4	3	9	2	7	6	5	8

PAGE 90

7	6	9	1	2	8	4	5	3
5	8	4	3	9	1	6	2	7
3	2	5	8	4	9	1	7	6
1	9	2	7	5	6	8	3	4
4	1	6	5	8	7	3	9	2
9	4	1	6	7	3	2	8	5
6	7	8	9	3	2	5	4	1
2	3	7	4	6	5	9	1	8
8	5	3	2	1	4	7	6	9

SHAPE SUDOKU

PAGE 91

4	2	5	8	1	3	9	6	7
9	3	4	1	7	6	5	2	8
1	8	9	5	6	4	3	7	2
6	5	2	7	4	8	1	3	9
7	6	8	2	5	9	4	1	3
2	4	7	3	9	5	6	8	1
5	1	3	4	8	2	7	9	6
3	7	6	9	2	1	8	4	5
8	9	1	6	3	7	2	5	4

PAGE 92

4	1	7	5	8	9	6	3	2
1	5	2	8	9	6	7	4	3
8	3	9	7	1	2	4	5	6
2	6	5	9	4	8	3	1	7
7	9	6	2	5	3	1	8	4
6	8	3	4	7	1	5	2	9
9	4	1	6	3	5	2	7	8
5	7	8	3	2	4	9	6	1
3	2	4	1	6	7	8	9	5

PAGE 93

5	4	2	6	1	3	9	8	7
3	8	6	9	7	1	5	2	4
6	9	5	1	2	8	4	7	3
1	7	3	4	8	9	6	5	2
8	3	9	5	6	2	7	4	1
2	6	7	3	4	5	8	1	9
4	5	8	2	3	7	1	9	6
7	2	1	8	9	4	3	6	5
9	1	4	7	5	6	2	3	8

PAGE 94

4	6	7	2	9	3	5	1	8
3	5	8	1	4	7	2	6	9
1	4	9	8	6	5	3	7	2
2	7	1	9	8	4	6	3	5
7	9	5	3	1	8	4	2	6
6	3	2	5	7	9	8	4	1
5	1	6	4	3	2	9	8	7
9	8	3	7	2	6	1	5	4
8	2	4	6	5	1	7	9	3

PAGE 95

1	5	2	4	6	7	8	3	9
4	8	5	6	9	1	3	7	2
3	2	7	9	1	4	5	8	6
2	6	8	7	5	3	1	9	4
5	3	9	1	7	2	4	6	8
8	1	4	2	3	6	9	5	7
9	7	6	8	4	5	2	1	3
7	9	3	5	2	8	6	4	1
6	4	1	3	8	9	7	2	5

KILLER SUDOKU

[33]8	[25]1	5	9	[11]3	2	6	[30]7	[10]4
7	9	[22]2	4	6	1	8	5	3
[20]4	6	3	5	7	8	9	2	1
2	[15]3	4	6	[21]5	9	7	[5]1	[17]8
1	7	6	[16]8	2	[8]3	5	4	9
[26]9	[17]5	8	7	[8]1	4	3	[14]6	[7]2
3	4	[18]7	1	[30]9	6	[6]2	8	5
6	8	9	2	4	[16]5	1	3	[22]7
[8]5	2	1	3	8	7	4	9	6

[12]7	5	[15]6	[12]4	8	[17]1	[5]2	3	[18]9
[10]8	2	9	5	6	3	[25]1	7	4
[5]4	1	[12]3	7	2	9	8	[18]6	5
[15]6	[16]8	2	[29]9	7	[9]4	5	1	[13]3
9	7	1	2	[14]3	5	6	4	8
[16]3	4	5	6	[21]1	[17]8	7	[28]9	2
[8]2	9	[15]7	8	4	6	3	5	1
1	[22]6	4	3	5	2	9	[21]8	7
5	[12]3	8	1	9	7	4	2	6

[6]2	[17]8	9	[21]7	[13]4	6	1	[19]5	3
3	1	[11]4	5	2	[25]8	9	6	7
[13]7	6	5	9	[4]3	1	2	[20]8	4
[7]1	[14]9	2	[14]8	5	[27]7	3	4	6
6	5	[7]3	4	1	9	8	[15]7	2
[18]4	[18]7	8	[11]3	6	2	5	1	[23]9
5	3	[14]1	[25]6	9	[9]4	[25]7	2	8
9	[14]4	7	2	8	5	6	3	1
8	2	6	[15]1	7	3	4	9	5

[6]6	[12]7	5	[6]2	3	1	[13]9	4	[10]8
8	3	[10]1	4	5	[22]9	6	7	2
[24]2	[28]9	4	7	8	[13]6	3	[15]5	1
5	8	[15]2	[16]3	6	7	4	[16]1	9
9	[10]4	3	1	[13]2	[15]5	7	8	[14]6
[16]7	1	[23]6	9	4	8	2	3	5
3	5	9	8	7	[6]2	1	[26]6	4
4	2	[15]8	6	1	3	[13]5	9	7
[14]1	6	7	[18]5	9	4	8	[5]2	3

[4]3	1	[14]2	[9]6	[11]9	[13]7	5	[12]4	8
[17]8	[18]4	7	3	2	[10]5	1	[15]6	[12]9
9	6	5	[19]8	4	1	7	2	3
[9]2	8	[19]4	7	[20]3	9	[11]6	5	[12]1
7	[24]5	6	4	[13]1	8	[15]3	9	2
[12]1	3	9	[17]2	5	[12]6	4	[11]8	[17]7
6	9	1	5	7	2	8	3	4
5	7	[17]3	9	[15]8	4	[15]2	1	6
4	2	8	1	6	3	9	[12]7	5

[26]3	6	[13]5	1	[22]9	4	7	2	[17]8
8	9	[6]4	7	[16]3	[17]2	1	6	5
[8]1	7	2	[17]5	6	8	[18]3	[19]9	4
[16]7	[5]2	[7]1	8	5	9	6	4	3
9	3	6	4	2	[20]7	8	5	1
[19]5	4	[17]8	[18]6	[5]1	[19]3	9	7	[9]2
2	8	9	3	4	[19]6	[14]5	[24]1	7
[15]4	[11]1	3	9	7	5	2	8	6
6	5	7	[10]2	8	1	4	3	9

KILLER SUDOKU

(13)7	6	(12)4	(11)1	2	(19)9	(9)3	5	(23)8
(12)9	(15)2	5	(18)4	8	3	7	1	6
1	8	3	6	(18)5	7	(5)4	(15)2	9
2	5	(22)9	8	(13)3	6	1	7	(9)4
(20)4	3	7	9	1	(13)5	8	6	2
8	(15)1	6	(10)7	(20)4	2	5	9	3
5	4	2	3	(21)9	1	(21)6	8	7
(15)6	9	8	(14)5	7	4	(19)2	(4)3	1
(10)3	7	1	2	6	8	9	(9)4	5

(21)5	(19)6	3	(23)9	7	1	(17)2	4	8
7	2	8	6	(10)5	(21)4	3	(19)1	(21)9
9	(14)1	(19)4	3	2	8	7	6	5
(3)1	8	6	2	(8)3	9	(13)4	5	7
2	5	7	(22)8	4	(21)6	9	(12)3	1
(15)3	4	9	5	1	7	8	2	6
8	(21)3	5	7	6	(16)2	1	9	4
(15)6	9	(5)1	4	(17)8	(8)3	5	(9)7	2
(11)4	7	(3)2	1	9	(11)5	6	(11)8	3

(15)7	(5)4	1	(5)3	2	(17)9	8	(11)5	6
6	2	(22)8	(12)4	(12)7	(6)5	1	(12)3	9
(14)3	5	9	8	1	(21)6	(12)7	(12)4	(3)2
8	(14)9	3	2	4	7	5	6	1
1	(15)6	4	5	(23)9	8	(8)3	2	(28)7
2	(23)7	5	6	3	1	4	9	8
9	3	(13)7	1	5	(20)2	6	(16)8	4
4	(14)8	(15)2	7	6	3	9	1	(8)5
5	1	(23)6	9	8	(6)4	2	7	3

(27)9	(14)1	5	8	(10)7	3	(21)4	6	2
6	8	(18)7	4	2	5	9	(6)1	(16)3
4	(8)2	(22)3	(15)6	9	(16)1	8	5	7
(14)3	6	8	(8)1	4	7	(8)2	(24)9	5
5	4	9	2	3	(16)8	6	7	1
2	(8)7	1	(23)9	5	6	(15)3	8	(18)4
(20)7	9	6	3	(14)1	2	5	(6)4	8
1	3	(6)4	5	8	(14)9	7	2	6
(13)8	5	2	(13)7	6	4	1	(12)3	9

(9)3	5	1	(31)4	7	(31)2	8	9	(10)6
(16)8	(12)9	2	1	5	6	(22)3	7	4
7	(18)4	(17)6	3	(17)8	9	2	5	(11)1
1	8	(7)3	5	9	4	7	6	2
(14)9	6	4	2	1	(24)7	5	3	8
5	(20)2	7	8	(14)6	3	1	(27)4	9
(8)2	(4)1	(15)9	6	3	(21)5	4	8	7
6	3	(29)8	7	4	1	9	(17)2	5
(11)4	7	5	9	2	8	6	1	3

(18)6	(16)8	(22)7	9	5	1	(17)2	4	3
3	1	(12)4	2	6	(19)7	5	8	(17)9
9	5	2	(14)8	4	3	(15)1	(15)7	6
(3)1	(16)4	9	5	(18)7	(18)6	8	3	2
2	3	(16)8	1	9	4	6	5	(13)7
(17)7	6	5	3	2	8	(16)4	9	1
4	(16)7	(10)1	6	(18)8	9	3	(12)2	5
(13)5	9	3	(14)4	1	(9)2	7	6	8
8	(8)2	6	7	3	(14)5	9	(5)1	4

KILLER SUDOKU

PAGE 111

[17]8	3	1	[17]2	9	6	[19]4	7	[11]5
[13]2	[30]9	5	[19]4	[11]7	3	1	8	6
4	7	6	8	1	[7]5	2	[4]3	[17]9
7	6	[8]4	3	[16]5	2	9	1	8
[15]5	8	[15]3	1	[25]6	[22]9	7	[7]2	[7]4
1	2	9	7	8	4	6	5	3
3	1	[23]8	9	4	[21]7	5	[24]6	2
6	[18]4	2	[21]5	3	1	8	9	7
9	5	7	6	[13]2	8	3	[5]4	1

PAGE 112

[17]9	[14]8	[15]7	6	2	[16]5	[5]4	1	[5]3
5	6	[14]4	1	9	3	8	[21]7	2
3	[10]1	2	7	[12]4	8	[11]6	5	9
[16]4	[23]7	6	[15]5	1	9	3	2	[21]8
1	9	8	2	[12]3	4	5	6	7
2	[23]5	3	8	7	[9]6	1	[24]9	[5]4
[19]6	4	[17]9	3	5	2	7	8	1
7	2	[17]5	[13]4	[18]8	1	9	[9]3	6
8	3	1	9	[13]6	7	[11]2	4	5

PAGE 113

[27]4	5	8	[21]1	9	[18]7	[17]2	6	[12]3
[32]7	[8]2	1	[11]3	4	6	5	8	9
3	6	9	8	2	5	[7]4	1	[11]7
5	8	[22]7	9	6	[11]3	1	2	4
[15]1	9	[13]4	2	7	8	[16]3	[12]5	[14]6
[10]2	3	6	5	[11]1	4	9	7	8
[23]6	1	3	4	8	2	[27]7	[26]9	[6]5
8	[13]4	2	7	5	9	6	3	1
9	[18]7	5	6	[4]3	1	8	4	2

PAGE 114

[16]7	9	[15]6	5	[10]3	[10]8	2	[5]1	4
[18]2	5	4	[9]6	7	[9]1	3	[17]9	8
3	8	1	2	[14]9	[19]4	5	[18]7	[11]6
[18]8	7	3	4	1	6	9	2	5
[20]6	[9]2	[20]5	7	8	9	[18]4	[9]3	[10]1
1	4	[24]9	[13]3	[6]2	[14]5	8	6	7
9	3	8	1	4	7	6	[25]5	2
4	[12]6	7	9	[21]5	2	[15]1	8	3
5	1	2	8	6	3	7	4	9

PAGE 115

[6]4	[19]7	[26]9	3	6	[11]1	2	5	[16]8
2	6	[17]5	8	[16]9	7	3	[19]4	1
[11]3	1	8	[11]5	2	4	6	9	7
8	5	4	[19]9	[15]3	[17]2	7	[13]1	6
[16]9	3	6	1	7	5	8	2	4
7	[7]2	1	4	[9]8	[9]6	[20]5	3	[14]9
[24]6	9	2	7	1	3	4	8	5
[21]5	8	7	[6]2	4	[22]9	[7]1	6	[5]3
1	[13]4	3	6	5	8	[16]9	7	2

PAGE 116

[5]4	1	[26]8	[16]5	2	[9]6	3	[16]9	7
3	7	2	9	[19]4	1	6	[13]8	5
6	[16]5	[20]9	8	7	[7]3	4	[3]1	2
2	9	7	4	[10]1	[20]5	8	[13]6	[8]3
[18]1	6	3	[14]2	9	[24]8	7	5	4
8	[14]4	5	3	6	7	[25]9	2	1
[16]7	3	6	[26]1	[14]5	9	2	4	[23]8
9	2	1	7	[17]8	4	5	3	6
5	8	4	6	[6]3	2	1	7	9

KILLER SUDOKU

PAGE 117

⁸2	¹²3	9	¹⁰6	4	¹⁷5	⁸1	¹⁵8	7
6	¹⁶4	¹⁵8	7	1	9	5	2	²⁰3
5	7	⁴1	3	2	¹⁸8	6	¹⁸4	9
²²7	9	6	¹⁸2	3	¹³1	4	5	8
¹⁴3	1	5	8	²⁵7	4	2	9	¹³6
8	2	4	5	9	6	¹⁶7	3	1
²⁰4	8	7	¹⁸1	5	3	9	6	2
1	²²5	¹²3	9	⁸6	2	¹⁵8	7	4
9	6	2	¹⁹4	8	7	⁹3	1	5

PAGE 118

¹⁷2	¹⁹5	6	²⁷9	7	⁸4	1	3	¹⁷8
4	3	1	6	5	¹⁷8	9	2	7
²³9	8	7	¹⁴3	⁹1	2	6	⁶5	⁷4
6	2	5	4	²⁴8	9	7	1	3
1	4	3	²³2	6	7	¹⁹5	8	¹⁵9
²⁵7	9	8	⁹5	3	1	2	4	6
¹⁶3	1	2	²⁶7	4	6	²⁹8	³⁰9	5
5	6	9	²²8	2	3	4	7	³1
8	7	4	1	9	5	3	6	2

ARROW SUDOKU

3	6	9	4	2	8	1	7	5
1	4	7	6	9	5	2	8	3
5	2	8	1	7	3	9	4	6
9	7	5	2	8	6	3	1	4
4	1	3	7	5	9	6	2	8
2	8	6	3	1	4	7	5	9
8	9	2	5	3	1	4	6	7
7	3	4	8	6	2	5	9	1
6	5	1	9	4	7	8	3	2

1	7	2	9	8	3	5	6	4
4	8	5	1	2	6	3	7	9
3	6	9	4	5	7	1	8	2
9	3	8	7	6	4	2	1	5
5	4	7	2	9	1	6	3	8
2	1	6	8	3	5	4	9	7
8	5	1	3	4	9	7	2	6
6	9	3	5	7	2	8	4	1
7	2	4	6	1	8	9	5	3

8	2	6	5	7	9	4	1	3
7	5	4	8	3	1	6	2	9
1	9	3	2	6	4	8	5	7
5	4	1	7	2	6	9	3	8
9	3	7	4	5	8	2	6	1
6	8	2	1	9	3	5	7	4
3	1	9	6	8	5	7	4	2
2	6	8	3	4	7	1	9	5
4	7	5	9	1	2	3	8	6

6	3	4	5	1	7	2	9	8
8	2	7	9	6	4	5	1	3
1	9	5	2	8	3	6	7	4
9	8	6	7	4	2	1	3	5
4	1	3	6	5	8	7	2	9
5	7	2	1	3	9	8	4	6
3	4	1	8	2	5	9	6	7
7	6	8	4	9	1	3	5	2
2	5	9	3	7	6	4	8	1

4	3	1	5	7	2	9	6	8
5	9	7	8	6	4	1	3	2
8	2	6	9	3	1	7	4	5
6	4	3	7	5	9	8	2	1
7	1	2	4	8	3	6	5	9
9	8	5	1	2	6	4	7	3
3	6	8	2	1	7	5	9	4
2	5	9	6	4	8	3	1	7
1	7	4	3	9	5	2	8	6

7	3	9	4	1	2	6	8	5
4	6	8	3	7	5	9	2	1
2	1	5	8	9	6	3	7	4
3	9	2	6	5	7	1	4	8
6	5	7	1	4	8	2	9	3
1	8	4	2	3	9	7	5	6
5	4	6	9	2	3	8	1	7
8	2	1	7	6	4	5	3	9
9	7	3	5	8	1	4	6	2

ARROW SUDOKU

PAGE 126 **PAGE 127**

PAGE 128 **PAGE 129**

PAGE 130 **PAGE 131**

ARROW SUDOKU

PAGE 132

PAGE 133

PAGE 134

PAGE 135

GREATER THAN SUDOKU

PAGE 137 **PAGE 138**

PAGE 139 **PAGE 140**

PAGE 141 **PAGE 142**

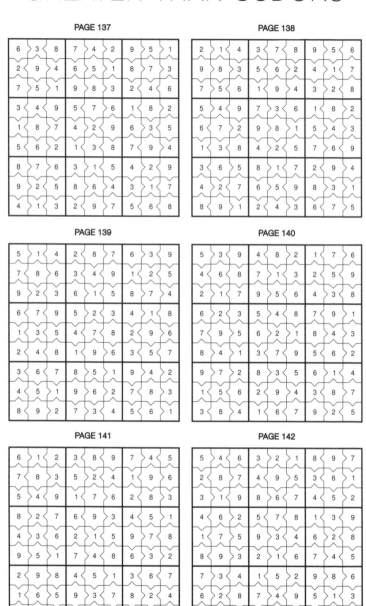

GREATER THAN SUDOKU

PAGE 143

PAGE 144

PAGE 145

PAGE 146

PAGE 147

PAGE 148

GREATER THAN SUDOKU

PAGE 149   **PAGE 150**

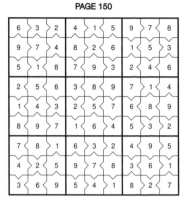